Gerenciamento de riscos em projetos

PUBLICAÇÕES
FGV Management

GERENCIAMENTO DE PROJETOS

Gerenciamento de riscos em projetos

Luiz Antonio Joia
Alonso Mazini Soler
Gisele Blak Bernat
Roque Rabechini Jr.

4ª EDIÇÃO

FGV | EDITORA
EDUCAÇÃO
EXECUTIVA

Copyright © 2019 Luiz Antonio Joia, Alonso Mazini Soler, Gisele Blak Bernat, Roque Rabechini Jr.

Direitos desta edição reservados à
FGV EDITORA
Rua Jornalista Orlando Dantas, 37
22231-010 | Rio de Janeiro, RJ | Brasil
Tels.: 0800-021-7777 | 21-3799-4427
Fax: 21-3799-4430
editora@fgv.br | pedidoseditora@fgv.br
www.fgv.br/editora

Impresso no Brasil / *Printed in Brazil*

Todos os direitos reservados. A reprodução não autorizada desta publicação, no todo ou em parte, constitui violação do copyright (Lei nº 9.610/98).

Os conceitos emitidos neste livro são de inteira responsabilidade dos autores.

1ª edição: 2006; 2ª edição: 2010; 3ª edição: 2013; 4ª edição: 2019

PREPARAÇÃO DE ORIGINAIS: Sandra Frank
EDITORAÇÃO ELETRÔNICA: Abreu's System
REVISÃO: Fatima Caroni
CAPA: aspecto:design

Ficha catalográfica elaborada pela Biblioteca Mario Henrique Simonsen/FGV

Joia, Luiz Antonio
    Gerenciamento de riscos em projetos / Luiz Antonio Joia ... [et al.]. – 4. ed. – Rio de Janeiro : FGV Editora, 2019.
    176 p.

    Em colaboração com: Alonso Mazini Soler, Gisele Blak Bernat, Roque Rabechini Jr.
    Publicações FGV Management.
    Área: Gerenciamento de projetos.
    Inclui bibliografia.
    ISBN: 978-85-225-2153-1

    1. Administração de risco. 2. Administração de projetos. I. Soler, Alonso Mazini. II. Bernat, Gisele Blak. III. Rabechini Junior, Roque, 1954-. IV. FGV Management. V. Fundação Getulio Vargas. VI. Título.

CDD – 658.155

Aos nossos alunos, colegas docentes e aos executivos que nos inspiram para avançarmos no conhecimento.

Sumário

Apresentação	9
Introdução	11
**1	História e contextualização do gerenciamento de riscos em projetos**	**15**
A história do risco na humanidade	15
A complexa definição de risco	19
Por que projetos têm riscos?	28
Componentes de riscos em projetos	33
Tipos de riscos em projetos	39
Percepção e atitude individuais em relação ao risco	41
Modelos de gerenciamento de riscos em projetos	43
**2	Planejamento do gerenciamento e identificação de riscos em projetos**	**49**
Planejamento do gerenciamento de riscos em projetos	50
Identificação de riscos em projetos	62
**3	Análise dos riscos em projetos**	**87**
Iniciando a análise dos riscos	89
O processo de análise dos riscos	90
Qualificação dos riscos em projetos	95
Quantificação dos riscos em projetos	101
Priorização dos riscos em projetos	113

4 | Planejamento e implementação das respostas aos riscos e monitoramento dos riscos em projetos   129
Planejamento das respostas aos riscos em projetos   130
Implementação das respostas aos riscos em projetos   147
Monitoramento dos riscos em projetos   148

Considerações finais   159
Referências   165
Os autores   171

Apresentação

Este livro compõe as Publicações FGV Management, programa de educação continuada da Fundação Getulio Vargas (FGV).

A FGV é uma instituição de direito privado, com mais de meio século de existência, gerando conhecimento por meio da pesquisa, transmitindo informações e formando habilidades por meio da educação, prestando assistência técnica às organizações e contribuindo para um Brasil sustentável e competitivo no cenário internacional.

A estrutura acadêmica da FGV é composta por escolas e institutos, todos com a marca FGV, trabalhando com a mesma filosofia: gerar e disseminar o conhecimento pelo país. Dentro de suas áreas específicas de conhecimento, cada escola é responsável pela criação e elaboração dos cursos oferecidos pela FGV Educação Executiva, criada em 2003 com o objetivo de coordenar e gerenciar uma rede de distribuição única para os produtos e serviços educacionais da FGV.

Este livro representa mais um esforço da FGV em socializar seu aprendizado e suas conquistas. Foi escrito por professores da FGV, profissionais de reconhecida competência acadêmica e prática, o que torna possível atender às demandas do mercado, tendo como suporte sólida fundamentação teórica.

A FGV espera, com mais essa iniciativa, oferecer a estudantes, gestores, técnicos e a todos aqueles que têm internalizado o conceito de educação continuada, tão relevante na era do conhecimento na qual se vive, insumos que, agregados às suas práticas, possam contribuir para sua especialização, atualização e aperfeiçoamento.

Rubens Mario Alberto Wachholz
Diretor da FGV Educação Executiva

Sylvia Constant Vergara
Coordenadora das Publicações FGV Management

Introdução

A economia moderna vive em perene instabilidade com mudanças sistemáticas, quebras de paradigmas e a necessidade de criação de novos modelos mentais e de negócios. Esse processo de mudança está a reboque das constantes e sucessivas inovações tecnológicas às quais estamos sendo submetidos, seja como indivíduos, seja como empresas. Entre elas, a internet aparece como um divisor de águas, permitindo que novas formas organizacionais sejam criadas, empresas baseadas no relacionamento sejam estabelecidas e coordenação seja uma palavra-chave para o sucesso de qualquer projeto. Some-se a isso a dificuldade de investimento, por parte do Estado, em empreendimentos e projetos de grande porte, o que o tem levado a novas formas de contratação, tais como *turn-keys* e *build-own-operate-transfer* (BOOTs), como no túnel sob o canal da Mancha, plantas químicas e petroquímicas, rodovias e, até mesmo, empreendimentos artísticos, como filmes, *shows* etc. Nesses projetos, uma enorme quantidade de *stakeholders* deve ser adequadamente gerenciada para que se tenha a informação certa, na hora certa, para a pessoa certa, com qualidade e custo compatíveis com as previsões feitas. Assim, como se pode ver, essas novas formas de contratação e de organização do trabalho exigem um total controle sobre o projeto como um todo.

Nesse contexto, o gerenciamento de riscos em projetos passou a ser cada vez mais relevante. Tal fato tem levado as empresas de projeto a trocarem uma abordagem simplista de gerenciamento de riscos, baseada tão somente na multiplicação do orçamento-base por um coeficiente de segurança, às vezes denominado coeficiente de ignorância, por uma abordagem estruturada e científica de gerenciamento dos riscos em projetos.

O objetivo deste livro é apresentar o processo de gerenciamento de riscos em projetos, segundo a abordagem PMBOK do Project Management Institute (PMI). Para tal, este livro está estruturado em quatro capítulos distintos, além desta introdução e das considerações finais. No primeiro capítulo, abordamos os conceitos básicos de risco e de seu gerenciamento em projetos. Analisamos o histórico do risco na sociedade, a complexa definição de risco e sua superposição com a expressão incerteza, as razões pelas quais projetos têm riscos, os tipos de riscos em projeto, os aspectos comportamentais associados à percepção de risco. Finalmente, apresentamos genericamente a abordagem do PMBOK para lidar com os riscos em projetos, por meio da apresentação dos conceitos-chave e dos sete processos associados a essa área do conhecimento, os quais são detalhados nos capítulos seguintes.

No segundo capítulo, dois dos processos iniciais do PMBOK são analisados, quais sejam, o planejamento do gerenciamento dos riscos em projetos e a identificação dos riscos em projetos, sendo apresentadas as principais técnicas e documentos gerados associados aos mesmos.

No terceiro capítulo, analisamos os riscos já identificados no capítulo anterior, sendo apresentadas tanto técnicas qualitativas quanto quantitativas para mensurar a probabilidade e o impacto dos riscos nos projetos. Para tornar clara essa análise qualitativa e quantitativa, vários exemplos são apresentados ao leitor.

INTRODUÇÃO

Finalmente, no quarto e último capítulo, são apresentados os três processos finais de gerenciamento de riscos, segundo o guia PMBOK do PMI, isto é: o planejamento das respostas aos riscos identificados e mensurados, a implementação da resposta a esses riscos e seu monitoramento por meio do acompanhamento, ao longo da vida útil do projeto, dos riscos identificados, da análise de novos riscos e da avaliação da eficácia do plano de riscos implementado. Ao final, temos as considerações finais do que foi apresentado neste livro.

Lembrando mais uma vez o mundo turbulento e mutante onde estamos hoje inseridos, todos nós e nossos projetos, almejamos que este livro seja útil aos nossos leitores em seus projetos pessoais e profissionais.

Estamos certos de que as empresas gerenciadoras de projetos estão cada vez mais conscientes da importância e necessidade de gerenciar cientificamente os riscos em seus projetos, evitando, dessa forma, que o número de fracassos em projetos continue alto, não obstante a crescente capacitação de profissionais nessa importante área do conhecimento.

Boa leitura a todos!

1
História e contextualização do gerenciamento de riscos em projetos

Neste capítulo inicial, procuraremos empreender uma rápida viagem à história do risco, desde os primórdios da humanidade até os dias de hoje, para, em seguida, contextualizar riscos no ambiente de projetos, explicando por que projetos são sempre arriscados, em maior ou menor escala, e como fazer para gerenciar os riscos a eles inerentes. Para tal, procuraremos mostrar como a definição de risco tem várias interpretações e abordagens, analisaremos a dinâmica dos riscos dentro de um ambiente de projetos, investigaremos os principais tipos de riscos em projetos, mostraremos como cada um de nós tem uma percepção absolutamente individualizada acerca do risco e analisaremos, de forma sucinta, os principais modelos de gerenciamento de riscos em projetos. Terminaremos este capítulo analisando, de maneira genérica, a abordagem adotada pelo PMBOK (PMI, 2017a) para o gerenciamento de riscos em projetos, a qual será detalhada, por meio de seus sete processos, nos capítulos seguintes, sendo esse detalhamento o foco maior deste livro.

A história do risco na humanidade

O risco faz parte de qualquer empreitada humana. Do momento em que você se levanta da cama pela manhã, dirige seu carro ou usa o transporte público para o trabalho ou escola até seu retorno à sua casa, você está constantemente exposto a riscos de diferentes intensidades e naturezas. Embora correr alguns desses riscos possa ser uma decisão completamente involuntária, há riscos que desejamos correr e até nos divertimos com eles, como correr com um bólido numa pista de Fórmula 1 ou jogar em um cassino.

Em verdade, ao longo da história humana, risco e sobrevivência têm andado de mãos dadas. Os homens pré-históricos levavam uma vida curta e brutal. A vida média do homem pré-histórico era de menos de 30 anos; mesmo os antigos gregos e romanos eram considerados anciãos quando passavam dos 40 anos de idade. A busca por alimento os expunha a perigos derivados da caça a animais selvagens e do tempo inclemente. Mesmo quando comunidades mais desenvolvidas surgiram na Suméria, Babilônia e Grécia, outros riscos, como guerras e doenças, continuaram desafiando as pessoas. No entanto, desde os primórdios da humanidade, risco e recompensa andaram juntos, já que os pré-históricos que corriam riscos físicos acabavam geralmente com comida, enquanto os demais terminavam morrendo de fome (Harari, 2017).

Talvez a melhor obra sobre a história do risco na humanidade tenha sido escrita por Peter Bernstein (1997) em seu livro *Desafio aos deuses: a fascinante história do risco*. Qualquer leitor que tenha interesse numa detalhada e profunda descrição acerca da história do risco na humanidade deve ler esse livro.

Segundo Littré (1863 apud Vesper, 2006), a palavra risco tem suas raízes na palavra *risque*, do francês medieval, que significa "perigo com chance de ocorrer". A palavra inglesa *hazard*, traduzida para o português por "acaso" ou mesmo "risco", sempre presente nas discussões sobre o tema, surgiu de um jogo de azar inventado no castelo de Hasart, na Palestina, enquanto a mesma estava sob domínio estrangeiro (Oxford English Dictionary, 1989). Já Bernstein (1997) afirma que a palavra risco deriva de *riscare*, do italiano antigo, que significa ousar, sendo também derivada do latim *risicu* e *riscu*, ambas associadas à expressão incerteza. À frente, apresentaremos a diferença entre incerteza e risco, mas é interessante reparar que a palavra risco já nasceu associada à expressão incerteza.

O advento dos *vikings* criou um novo contexto para os riscos, já que eles viajavam em embarcações extremamente bem construídas, da Escandinávia à Inglaterra e Irlanda, e mesmo em direção à América. Tal fato fez com que a preocupação com os riscos associados com essas viagens, como naufrágios e ataques de piratas, aumentasse e tivesse de ser compensada com recompensas oriundas do retorno desses navios com carregamentos valiosos.

A expansão do comércio de especiarias a partir de 350 a.C. também intensificou a preocupação associada a viagens longas, multimodais e que, muitas vezes, resultavam em enormes catástrofes. Como se pode perceber, a preocupação se tornou ainda maior quando surgiu a época das grandes navegações, quando então navegadores zarpavam, principalmente de Portugal e Espanha, muitas das vezes sem sequer saber aonde realmente iam, haja vista que Cristóvão Colombo estava atrás do caminho marítimo para as Índias quando aportou na ilha Hispañola – hoje Haiti e República Dominicana –, descobrindo a América, em 1492.

Bernstein (1997), em seu trabalho magistral sobre a história dos riscos ao longo da humanidade, mostra como o pensamento acerca do risco evoluiu, em parte pelas mudanças no sistema numérico matemático, em parte pelo entendimento das bases da ciência das probabilidades e, em parte, pelo crescimento dos jogos de azar. Representações dos jogos de azar, assim denominados pela conotação quase sempre negativa associada a riscos, foram encontradas nas tumbas egípcias a partir de 3500 a.C. Porém foi no Renascimento que se desenvolveu uma base científica para os jogos de azar. Tal se dá, segundo Bernstein (1997), pela introdução dos algarismos arábicos (0 a 9) na Europa, entre 1000-1500 d.C. Com o sistema de algarismos romanos, então vigente, era impossível fazer cálculos estatísticos associados aos riscos.

Assim, de acordo com Bernstein (1997), vários trabalhos começaram a ser publicados sobre o assunto, como o de Girolamo Cardano *Liber de ludo alea* (*Livro sobre jogos de azar*), que parece ter sido o primeiro estudo de probabilidade aplicado a cartas, dados e apostas. Em 1630, Galileo escreveu o ensaio *Sopra le scoperte dei dudi* (*Sobre jogar dados*) e vários matemáticos começaram a organizar grande quantidade de dados, como registros de nascimento e óbito, para desenvolver técnicas de inferência estatística, tabelas atuariais e modos de prever comportamentos e eventos ocorrendo em populações.

O advento do mercado financeiro e de seguros impulsionou sobremaneira a preocupação com riscos, embora ambas as indústrias já estivessem estabelecidas há séculos. Opções foram usadas na Holanda, em 1630, quando investidores compravam e vendiam opções em papel, em lugar dos bulbos de tulipas reais. Além disso, opções eram negociadas nos EUA, na década de 1790, o que mais tarde se transformaria na New York Stock Exchange. Em 1865, opções futuras de produtos, como grãos, cobre e toucinho eram vendidas na Câmara de Comércio de Chicago. Mesmo as apólices de seguro – uma opção para reduzir o risco, compartilhando-o com outros que recebem uma compensação por isso – eram negociadas desde 1800 a.C. para reduzir o risco de viagens de navios. Com o tempo, essas apólices passaram, na Idade Média, a ser vendidas para proteger fazendeiros de inundações, secas e outros desastres climáticos.

Não se pode também esquecer o fundamental papel da Revolução Industrial na história do risco, já que ela trouxe uma série de outros riscos até então desconhecidos da humanidade – os riscos tecnológicos. Riscos associados à estabilidade estrutural de pontes e edifícios, segurança de aviões, segurança de reatores nucleares etc. começaram a se somar aos já conhecidos riscos físicos e monetários existentes.

Como se pode perceber, a história dos riscos se confunde com a própria história da humanidade, numa tentativa desta de antecipar a incerteza associada ao futuro, visando lidar melhor com ela. Mas, afinal, o que são riscos e qual a sua ligação com incerteza? Veremos isso a seguir.

A complexa definição de risco

Vistas a importância e a onipresença do risco em qualquer atividade humana, é no mínimo estranho perceber a enorme falta de consenso sobre sua definição (Raz e Hillson, 2005). Tal fato pode ser atribuído, entre outros fatores, ao enorme relacionamento de riscos com outras áreas do conhecimento, como tomada de decisão e gerenciamento da informação (Fortes, 2011). As decisões que tomamos são, de modo geral, associadas aos riscos que percebemos estar associados ao que vamos decidir. Da mesma forma, precisamos de informação para desenvolver nossa percepção de risco. Veja, leitor, como usamos a expressão "percepção de risco" em lugar de apenas "risco". Sim, porque, como veremos adiante, embora o risco possa ser, muitas vezes, mensurado de forma qualitativa ou quantitativa (veja o capítulo 3 deste livro), o que interessa realmente é nossa percepção acerca dele. Se assim não fosse, por que há pessoas que se recusam a saltar de asa-delta, enquanto outras o fazem duas a quatro vezes por mês? Ou, ainda, por que uma pessoa embarca num voo de avião, enquanto outra se recusa a embarcar no mesmo voo? Ora, considerando-se a mesma companhia aérea, o mesmo piloto, as mesmas condições meteorológicas etc., o risco (ou sua probabilidade) deveria ser o mesmo, certo? Como você, leitor, pode deduzir, cada um de nós tem uma determinada tolerância ao risco, o que nos faz percebê-lo de forma distinta (Slovic, 1987). Assim, uma única definição de risco torna-se difícil, já que ela deveria funcionar para todos nós, independentemente de nossas idiossincrasias. Percebemos, portanto, que risco tem um enorme componente comportamental, como já haviam comprovado Tversky e Kahneman (1981) e sobre o qual falaremos adiante.

No entanto, a maior complexidade encontrada em definir risco está em diferenciá-lo de incerteza (Perminova, Gustafsson e Wikström, 2008). O que é incerteza e o que é risco? Como ambos se relacionam? Em que são diferentes?

Risco ou incerteza?

Em 1921, Frank Knight sumarizou a diferença entre risco e incerteza da seguinte forma:

> O conceito de incerteza deve ser considerado num sentido radicalmente distinto do de risco, do qual nunca se separou [...]. O fato essencial é que risco significa, em vários casos, algo passível de mensuração, ou uma incerteza mensurável [Knight, 1921:20].

Em suma, Knight apontou que apenas incertezas quantificáveis são riscos, e deu o exemplo de dois indivíduos retirando bolas pretas e vermelhas de uma urna. O primeiro indivíduo é ignorante em relação ao número de bolas de cada cor na urna, enquanto o segundo sabe que há três bolas vermelhas para cada bola preta. O segundo indivíduo estima (corretamente) a probabilidade de tirar uma bola vermelha em 75%, mas o primeiro opera segundo o conceito errôneo de que há 50% de chance de tirar uma bola vermelha. Knight (1921) afirma que o segundo indivíduo é exposto ao risco, enquanto o primeiro sofre de ignorância.

Essa discussão, no entanto, é algo equivocada. É verdade que o risco que pode ser mensurado (e vamos mostrar como fazer isso no capítulo 3 deste livro) é mais fácil de ser gerenciado, mas nós nos preocupamos com qualquer tipo de incerteza – mensurável ou não. Holton (2004) argumenta que há dois ingredientes necessários para que o risco exista. O primeiro é a incerteza acerca do potencial resultado advindo de um experimento, e o outro é o fato de esse potencial resultado prover utilidade ou (in)satisfação. Por exemplo, segundo Holton (2004), uma pessoa que salta de um avião sem paraquedas não se expõe a nenhum risco até que ela esteja certa de morrer (nesse caso, não há mais incerteza). Ainda segundo o autor, tirar bolas de uma urna não expõe ninguém ao risco, a não ser que o bem-estar ou fortuna da pessoa sejam afetados por esse ato, por exemplo, atribuindo-se diferentes valores monetários às diferentes cores – nesse caso, a atividade passa a ter risco. Assim, vemos que risco sem algum tipo de consequência não é risco, o que o faz diferir de incerteza, que pode ou não produzir alguma consequência relevante ou não.

Hillson e Murray-Webster (2017) afirmam que o risco tem duas características: incerteza e consequências. Mas, segundo os autores, risco não é o mesmo que incerteza; a diferença fundamental entre os dois conceitos reside na consideração ou não das consequências. Risco é uma incerteza que pode influenciar um ou mais objetivos, o que pode ser ilustrado por meio do exemplo a seguir, apresentado pelos autores. Uma criança fará um exame amanhã com resultado incerto; esse resultado, porém, não tem nenhuma consequência para outras pessoas. Para estas, o resultado do exame é uma incerteza, porém é irrelevante, não se constituindo, portanto, em risco para elas. A incerteza acerca do tempo amanhã no Tibet é também uma incerteza, mas é também irrelevante para a maioria das pessoas, não se constituindo, portanto, em risco para elas. No entanto, se a criança for tibetana e se seu pai lhe tiver prometido uma excursão de pesca se sua nota for alta no exame, ambas as incertezas passam a ser significantes nesse contexto, tornando-se, portanto, riscos para a criança. Assim, pode-se perceber que há incertezas que são completamente irrelevantes dentro de um determinado contexto. Dessa forma, os autores afirmam que a ligação de risco com objetivos é fundamental para que os riscos sejam gerenciados.

Assim, cada vez mais, vários autores vêm sugerindo que gerenciamento de riscos passe a se chamar gerenciamento de incertezas (Perminova, Gustafsson e Wikström, 2008; Ward e Chapman, 2003; De Meyer, Loch e Pich, 2002, entre outros).

De Meyer, Loch e Pich (2002) trazem, em nossa opinião, a contribuição mais lúcida e pragmática acerca da diferença entre risco e incerteza. Para eles, há quatro tipos de incertezas: variabilidade, incerteza prevista, incerteza imprevista e caos. As duas primeiras são incertezas identificáveis e mensuráveis e devem ser consideradas riscos; as duas últimas são impossíveis de identificar e mensurar, ficando, erroneamente, de fora do gerenciamento de riscos. Explicamos melhor esses conceitos, a seguir.

- Variabilidade – Refere-se a incertezas que provêm de muitas pequenas influências, levando atividades específicas a um intervalo de variação – atividade X pode durar entre 32 e 34 semanas, por exemplo. Num projeto, os gerentes sabem que seus cronogramas e orçamentos planejados podem variar dentro de determinado intervalo. Assim, são usados *buffers* (ou reservas contingenciais associadas ao caminho crítico do projeto) para fazer frente a essas variações, as quais são monitoradas e controladas para verificar se estão dentro dos limites esperados.
- Incertezas previstas – São incertezas identificáveis sobre as quais há pouca informação. Exigem um cuidado bem maior do que a variabilidade, já que afetam o projeto como um

todo, podendo-se usar curvas de distribuição de probabilidade para antever a chance de ocorrerem. São chamadas de *known unknowns* e são gerenciadas por meio de planos de contingência que podem ou não ser usados. Por exemplo, um laboratório farmacêutico pode prever a probabilidade de que uma nova droga cause efeitos colaterais, por meio da análise de drogas semelhantes já lançadas no mercado e cujos resultados foram monitorados ao longo do tempo. Assim, planos de contingência podem ser elaborados, mudando-se a dosagem ou restringindo-se o uso da droga para certas circunstâncias predefinidas.

- Incertezas imprevistas – São incertezas que sequer podem ser identificadas, seja pela falta de consciência de que possam ocorrer, seja porque se considera altamente improvável que surjam e, portanto, torna-se desnecessário que sejam combatidas. Não há, portanto, um plano B para gerenciá-las. São conhecidas como *unknown unknowns*. Podem ser geradas a partir da interação de vários eventos, cada um dos quais pode ser, em princípio, previsível. O medicamento Viagra, da Pfizer, é um exemplo desse tipo de incerteza, já que, embora fosse um medicamento desenvolvido para melhorar o fluxo sanguíneo nas artérias, mostrou-se uma droga capaz de melhorar a performance sexual de seus usuários, levando a empresa a, inesperadamente, ter de mudar seu plano de desenvolvimento e sua abordagem mercadológica. É um exemplo elucidativo de que incertezas (ou riscos) podem trazer boas oportunidades, e não apenas ameaças. Essas incertezas imprevistas (*unknown unknowns*) exigem mais flexibilidade do que planejamento formal para serem gerenciadas.

- Caos – Enquanto as incertezas imprevistas estão associadas a objetivos e metas razoavelmente estáveis, o caos não está ligado, previamente, a nada. São incertezas típicas de pesquisas básicas, em que os resultados podem sequer ocorrer, ou ser completamente diferentes do que se esperava. Essas incertezas exigem uma enorme flexibilidade organizacional para que possam ser gerenciadas, isto é, um planejamento rígido para gerenciamento das mesmas pode ser catastrófico. Por exemplo, em 1991 a Sun Microsystems concebeu a linguagem Java para ser usada no controle de aparelhos eletrodomésticos. Foi um grande fracasso. Apenas em 1995, Java tornou-se um sucesso como linguagem de programação para páginas Web. Ironicamente, somente uma década após seu desenvolvimento, Java passou, finalmente, a ser usada no controle de aparelhos eletrodomésticos.

Poderíamos continuar por longo tempo analisando a definição de risco, mas precisamos avançar. A partir do que vimos, podemos entender riscos como incerteza que são identificáveis, mensuráveis e relevantes para o contexto em que ocorrem. Em outras palavras, todo risco é uma incerteza, mas nem toda incerteza é risco, seja porque ela pode não ser identificável, pode não ser mensurável e/ou pode não ter impacto relevante em seu contexto. A figura 1 ilustra o que dissemos.

Como podemos ver na figura 1, o paradigma atual do gerenciamento de riscos se concentra no quadrante 1. No entanto, embora possamos desprezar os quadrantes 3 e 4, já que ambos não produzem consequências relevantes, o quadrante 2 atualmente é desconsiderado na análise de riscos em projetos, já que são incertezas desconhecidas – porém com consequências relevantes. Essa é a razão pela qual vários autores creem que em pouco tempo estaremos gerenciando incertezas e não mais riscos em projetos (Ward e Chapman, 2003; Perminova, Gustafsson e Wikström, 2008).

Figura 1
Matriz das incertezas

INCERTEZAS CONHECIDAS	INCERTEZAS DESCONHECIDAS	
1. **Escopo do gerenciamento de riscos**	2. Pode haver risco	INCERTEZAS QUE PODEM AFETAR
3. Não necessitam ser tratadas pelo gerenciamento	4. Não necessitam ser tratadas pelo gerenciamento	INCERTEZAS QUE NÃO PODEM AFETAR

Fonte: Modica et al. (2010:3).

A partir do que foi dito em toda esta seção, é necessário formalizar a definição de risco, para que possamos ir em frente. Assim, vamos seguir o paradigma atual relativo ao gerenciamento de riscos e imaginar que podemos planejar a forma como vamos lidar com eles – já vimos acima que isso nos impedirá de lidar com as incertezas *unknown unknowns* e o caos (quadrante 2 da figura 1), mas esse é um caminho futuro da área de gerenciamento de riscos em projetos, como suportado por De Meyer, Loch e Pich (2002), Ward e Chapman (2003) e Perminova, Gustafsson e Wikström (2008). Assim, a figura 2, adiante, apresenta o escopo atual do gerenciamento de riscos em projetos.

Definições clássicas de risco

A maior parte das definições de risco está associada à ameaça apenas, e não a ameaça ou oportunidade (Akintoye e MacLeod, 1997; Ward e Chapman, 2003). Na verdade, risco pode ser algo desejado ou evitado, mas nossas percepções em relação ao termo tendem a ser sempre negativas. Assim, para Dowie (1999), definir risco só atrapalha seu gerenciamento, já que, de modo geral, sempre o associamos a coisas que podem dar errado. Dessa forma, segundo o autor, uma definição para risco simplesmente não é necessária. Da mesma forma que Ward e Chapman (2003), discordamos de que risco não precise ser definido, embora, da mesma forma que Ward e Chapman (2003), sejamos solidários a Dowie (1999) em sua preocupação com o negativismo associado à expressão risco. Na verdade, o conceito de risco está associado a tantas disciplinas – de atuária a engenharia; de finanças a gerenciamento de projetos etc. – que não é de se estranhar que cada uma delas possa ter definido risco à sua maneira. Como estamos na área de gerenciamento de projetos, vamos nos ater às definições existentes dentro dessa área de conhecimento.

A seguir, vamos apresentar algumas definições formais para risco.

De acordo com Raz e Hillson (2005), não existe consenso na literatura com relação à definição do termo risco em gerenciamento de projetos. Três abordagens são encontradas pelos autores no que tange à definição de risco em projetos.

- Riscos são eventos incertos que têm somente efeito negativo no projeto.
- Riscos são eventos incertos que podem ter tanto efeito positivo (oportunidade) quanto negativo (ameaça) no projeto.
- Riscos são eventos incertos que têm efeitos no projeto (essa última definição não explicita se os efeitos são negativos ou positivos).

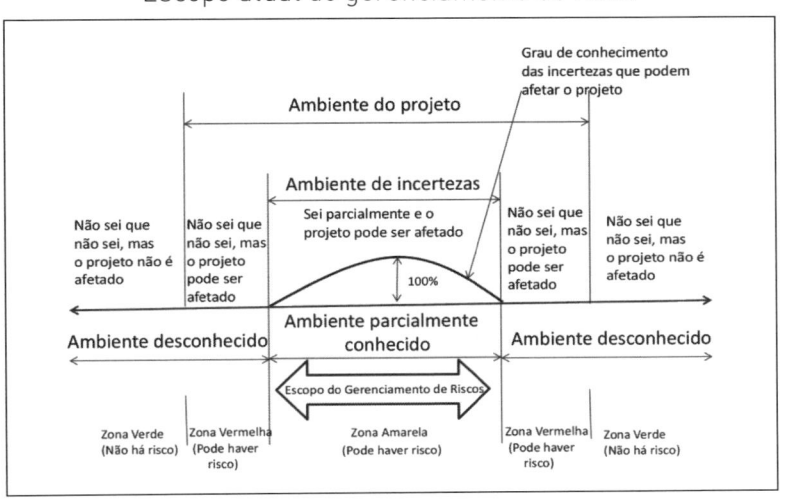

Figura 2
Escopo atual do gerenciamento de risco

		Ambiente do projeto		Grau de conhecimento das incertezas que podem afetar o projeto	
		Ambiente de incertezas			
Não sei que não sei, mas o projeto não é afetado	Não sei que não sei, mas o projeto pode ser afetado	Sei parcialmente e o projeto pode ser afetado 100%		Não sei que não sei, mas o projeto pode ser afetado	Não sei que não sei, mas o projeto não é afetado
Ambiente desconhecido		Ambiente parcialmente conhecido		Ambiente desconhecido	
		Escopo do Gerenciamento de Riscos			
Zona Verde (Não há risco)	Zona Vermelha (Pode haver risco)	Zona Amarela (Pode haver risco)		Zona Vermelha (Pode haver risco)	Zona Verde (Não há risco)

Fonte: adaptada de Modica (2009).

Para Modarres (2006), o termo risco em projeto significa não somente a ocorrência de um efeito indesejável, mas também quão provável e quais as consequências do mesmo no projeto, caso ocorra. Percebemos aqui que o autor, literalmente, associa riscos a efeitos indesejáveis.

Vamos comparar, agora, algumas definições de risco associadas a projetos, desenvolvidas pela Association for Project Management do Reino Unido (APM) e pelo Project Management Institute dos Estados Unidos (PMI).

- Risco é um evento incerto ou conjunto de circunstâncias que, caso ocorra, terá efeito no atingimento de um ou mais objetivos do projeto (APM, 2012).
- Risco é um evento ou condição incerta que, se ocorrer, terá um efeito positivo ou negativo em um ou mais objetivos do projeto, como escopo, prazo, custo e qualidade (PMI, 2017a).

Como se pode perceber, as definições são muito semelhantes. No caso do PMI, podemos verificar que risco está ligado a restrições, isto é, se o projeto não tivesse nenhum tipo de restrição (um escopo definido, prazo e orçamento limites, e/ou uma qualidade desejada), não haveria risco, ou seja, o mesmo poderia aceitar um grau infinito de incerteza (ver figura 3). No entanto, não há projetos sem restrições, até porque tal faz parte da própria definição de projeto.

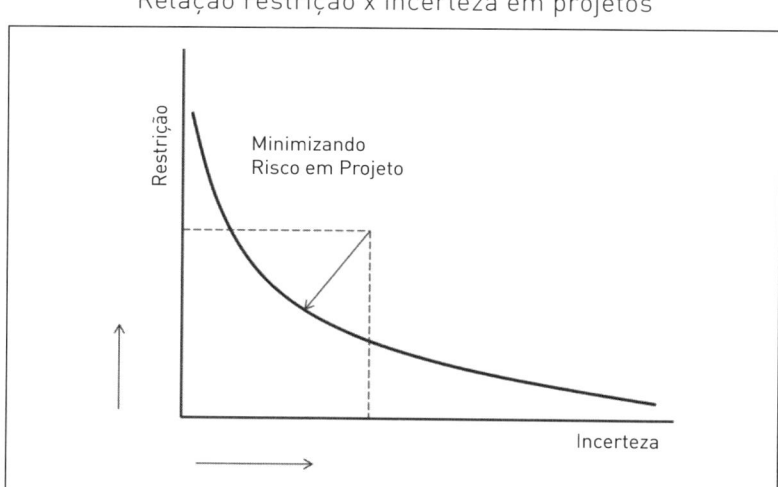

Figura 3
Relação restrição x incerteza em projetos

Por que projetos têm riscos?

Vamos agora explorar por que projetos têm riscos específicos, de modo a estabelecer o contexto para o gerenciamento de riscos em projetos e de que forma queremos que nossos projetos sejam considerados um sucesso.

Segundo as várias definições de projeto, este existe (ou deveria existir) por uma razão bem clara. Projetos são desenvolvidos para implementar planos de ação oriundos da estratégia corporativa, desenvolver um *business case* ou gerar uma série de entregáveis. De modo geral, projetos geram benefícios para as organizações e seus *stakeholders*, mas frequentemente esses benefícios não se concretizam imediatamente ou diretamente, assim que o projeto é encerrado. Geralmente, projetos criam capacitações que necessitam ser usadas e aplicadas para que os reais benefícios apareçam.

Com uma história tão longa de desenvolvimento de projetos, a começar pelas grandes pirâmides do Egito, o Colosso de Rodes, os Jardins Suspensos da Babilônia, a grande Muralha da China, entre outros, deveríamos esperar que os projetos tivessem um índice de sucesso bem alto. Nada mais enganoso. Relatórios continuam indicando que o percentual de projetos que fracassam é bastante alto nos dias de hoje e não tem melhorado ao longo dos anos (Sauser, Reilly e Shenhar, 2009).

Assim, por que tantos projetos fracassam? Certamente, não é devido à ausência de teorias de gerenciamento de projetos, ou de técnicas e ferramentas, ou mesmo de profissionais capacitados. Temos um bom entendimento dos conceitos associados ao gerenciamento de projetos, os processos para gerenciamento de projetos estão bem estruturados, e as pessoas envolvidas nessa atividade são capazes, profissionais e engajadas no sucesso dos mesmos (Hillson, 2009). Tudo indica que uma das maiores razões para o fracasso de projetos é o aparecimento de eventos não previstos que interrompem a trajetória suave de seu gerenciamento, causando desvios irreconciliáveis com o plano de projeto inicial (Hillson, 2009). Quando os jornalistas perguntaram ao então primeiro-ministro britânico o que mais provavelmente poderia tirar um governo do seu curso original, a resposta foi: "Eventos, meus caros, eventos". (Hillson, 2009).

Em um dado projeto, alguns desses eventos não previstos não eram passíveis de ser antecipados, mas alguns outros poderiam perfeitamente ter sido identificados, isto é, eram riscos (*known unknowns*) e não incertezas (*unknown unknowns*), como explicamos anteriormente, afetando os objetivos traçados.

Assim, que características intrínsecas têm os projetos, que os tornam arriscados? Podemos vislumbrar três características básicas, a seguir detalhadas.

1) *Características comuns* – Todos os projetos compartilham características que introduzem incerteza em seu gerenciamento. Muitas delas são intrínsecas à própria definição de projeto, ou seja, um esforço temporário para criar um produto, serviço ou resultado único (PMI, 2017a). Entre elas, podemos citar (Hillson, 2009):
   - unicidade – todo projeto tem, pelo menos, alguns elementos que não foram desenvolvidos antes e, naturalmente, existe incerteza associada a esses elementos;
   - complexidade – projetos são complexos de variadas maneiras, e são mais do que uma simples lista de tarefas a serem desenvolvidas. Existem vários tipos de complexidade em projetos, incluindo técnicas, comerciais, relacionais (ou de interfaces), cada uma delas trazendo riscos ao projeto. De fato, complexidade de projetos é, hoje, uma das áreas emergentes no gerenciamento de projetos (Bosch-Rekveldt et al., 2011; Lukosevicius, Soares e Joia, 2017), e sua ligação com tomada de decisão e riscos em projetos é bastante forte (Fortes, 2011; Lukosevicius, Soares e Joia, 2017);
   - premissas ou restrições – a definição do escopo de um projeto implica desenvolver cenários acerca do futuro, o que normalmente inclui tanto premissas (coisas que acreditamos que acontecerão ou não) e restrições (coisas que nos são ditas para fazer ou não). Premissas e restrições podem se mostrar errôneas ao final, sendo também provável que algumas delas

se mantenham escondidas ou não identificáveis, já que são incertezas na maioria dos projetos;
- pessoas – todos os projetos são conduzidos por pessoas, incluindo o time de projeto, a equipe de gerenciamento, clientes, fornecedores, subcontratados etc. Todos esses grupos são imprevisíveis em algum aspecto, introduzindo incertezas nos projetos ao qual estão relacionados;
- *stakeholders* – esse é um grupo particular que impõe demandas, expectativas e objetivos ao projeto. Suas demandas podem, às vezes, variar, superpor-se ou mesmo conflitar-se, levando a riscos na execução e aceitação do projeto;
- mudança – todo projeto é um agente de mudança, movendo-se do presente conhecido para o futuro incerto, com toda a incerteza associada a esse movimento.

Todas essas características de risco estão embutidas na própria natureza dos projetos, não podendo ser eliminadas sem que eles sejam alterados (Hillson, 2009). Por exemplo, um "projeto" que não é único, não tem nenhum tipo de complexidade, não tem restrições e premissas associadas, não envolve pessoas, não possui *stakeholders* e não introduz mudança pode ser classificado de tudo, menos de projeto.

2) *Planejamento impositivo* – As definições enfatizam que projetos são concebidos, lançados e executados para atingir objetivos que são (ou deveriam ser) fortemente relacionados com a estratégia corporativa (Hillson, 2009). No atual cenário turbulento de negócios, as empresas têm procurado manter sua superioridade estratégica frente a seus concorrentes operando de forma mais eficiente e eficaz, e/ou buscando implantar melhorias significativas nos produtos/serviços que oferecem. Assim, muitas empresas usam projetos para alcançar vantagem competitiva. Naturalmente, as empresas procuram fazer tudo isso o mais

rapidamente possível, o que acarreta riscos de variadas naturezas que podem impedir que os objetivos iniciais sejam alcançados. Assim, a empresa se vê diante de duas possibilidades (Hillson, 2009):
- executar melhorias incrementais nos produtos/serviços existentes, buscando melhoria contínua. Embora seja esta uma estratégia menos arriscada, os resultados dela advindos são menos vantajosos e precisam ser obtidos continuadamente para que produzam algum efeito;
- executar inovações radicais ou mesmo quebras de paradigma, tentando superar de forma insofismável e, em muito, a concorrência. Os riscos são naturalmente maiores, mas os resultados produzem elevados ganhos potenciais, alcançados de forma rápida.

Verifica-se, assim, que risco e recompensa andam de mãos dadas, isto é, eles são positivamente correlacionados. Grandes riscos no projeto podem levar a grandes recompensas, enquanto projetos que têm pequenos riscos associados não geram recompensas substanciais. Por exemplo, lançar um produto novo em um mercado novo, sendo um *first-mover*, é altamente arriscado (Ansoff, 1990), mas pode gerar grandes lucros (ou prejuízos). Por outro lado, implementar pequenas melhorias num produto existente em um mercado já existente e conhecido é menos arriscado, devendo gerar apenas um pequeno lucro (ou prejuízo).

Em empresas orientadas para projetos, estes devem criar valor; portanto, devem ser deliberadamente desenvolvidos e impostos como empreendimentos arriscados. O propósito é gerar o maior retorno possível, ao mesmo tempo que se gerenciam e controlam os riscos associados ao empreendimento em questão.

3) *Ambiência externa* – Projetos não existem no éter; eles estão posicionados em um ambiente externo que pode trazer desafios e restrições ao seu gerenciamento. Entendemos aqui como ambiência externa a organização com suas caraterísticas intrínsecas (cultura, arquitetura, processos, recompensas etc.) e o ambiente externo à organização responsável pelo projeto.

Entre os fatores externos que podem representar risco para o gerenciamento de um projeto (entenda, leitor, risco como ameaça mas também como oportunidade), podemos citar (Hillson, 2009):

- volatilidade do mercado;
- ação dos concorrentes;
- requisitos não previstos;
- mudanças organizacionais internas;
- mudanças organizacionais nos clientes;
- mudanças organizacionais nos *stakeholders* em geral;
- fatores sociais, políticos, tecnológicos, econômicos, ambientais e legais.

Todos esses fatores apresentados são passíveis de rápidas mudanças e transformações no mundo de hoje, onde a única certeza é a mudança (Handy, 1989). Ademais, esses fatores podem se correlacionar, criando efeitos cruzados difíceis de identificar e gerenciar, isto é, não é possível analisar esses fatores de forma isolada apenas, sendo necessário também identificar e gerenciar as interdependências entre eles.

Componentes de riscos em projetos

Visto que não somos capazes de ter projetos sem riscos – sejam eles bons (oportunidades) ou ruins (ameaças) –, é chegada a hora de nos aprofundarmos no gerenciamento de riscos em projetos. Isto é, um projeto zero risco é tudo, menos um projeto. Além do mais, dada a ligação de risco com recompensa, um projeto zero risco não apenas não existe como seria indesejável, por não trazer nenhuma recompensa associada. Assim, o importante não é manter riscos fora de projetos, mas garantir que os inevitáveis riscos a eles associados se situem num nível aceitável à organização patrocinadora (mais tarde, veremos que isso vai depender do apetite ao risco ou da percepção de risco dessa organização).

Por outro lado, precisamos diferenciar a expressão "risco" de "riscos" em projetos. Para o gerente de projetos, o importante é gerenciar os riscos que afetam positiva (oportunidades) ou negativamente (ameaças) o projeto, de modo a que ele atinja os objetivos iniciais definidos. O gerente de projeto pergunta constantemente: "Quais são os riscos do meu projeto?" e a resposta é usualmente anotada no registro de risco ou documento similar. Já o patrocinador do projeto não está interessado em riscos específicos, mas no risco global do projeto. Sua pergunta, portanto, é "Quão arriscado é o meu projeto?" e a resposta normalmente não vem de um registro de risco. Assim, o patrocinador (*sponsor*) se preocupa com o risco global do projeto, isto é, a exposição do projeto como um todo aos efeitos da incerteza. Portanto, o gerente de projetos está interessado em "riscos", enquanto o patrocinador do mesmo, em "risco". Enquanto o gerente de projeto procura os riscos *no* projeto – denominados riscos individuais do projeto –, o patrocinador analisa o risco *do* projeto – denominado risco geral do projeto. Dessa forma, segundo o PMBOK (PMI, 2017a), há diferenças entre riscos individuais e risco geral ou global do projeto.

Mas, de que é composto o risco, isto é, quais são seus componentes básicos?

Todo risco é composto por três elementos formadores, quais sejam (Salles Jr. et al., 2010):

1) o evento em si, associado à causa raiz do risco (à sua fonte geradora), assim como seu efeito (consequência). Em outras palavras, todo risco tem uma causa geradora (ou mais de uma), sendo disparado por ela(s). Todo risco tem efeitos dele decorrentes;
2) a probabilidade associada a esse evento de risco (aqui, mais uma vez, lembramos que estamos tratando de riscos tipo *known unknows*, isto é, riscos que podem ser identificados e mensurados qualitativa e/ou quantitativamente);
3) o impacto do evento de risco no projeto. Já vimos anteriormente que todo risco deve ter algum tipo de impacto (bom ou ruim) relevante no projeto, caso contrário trata-se apenas de uma incerteza, a qual sequer deve ser gerenciada (ver figuras 1 e 2 para mais detalhes).

Segundo Salles Jr. et al. (2010), alguns gestores de projeto tomam decisões baseados apenas em sua causa (probabilidade de ocorrência) ou efeito (impacto no projeto). Isso é desaconselhável, porque causa e efeito andam juntos e, assim, devem ser juntos avaliados. Por exemplo, toda usina nuclear deve ser calculada ao risco de um terremoto de determinada magnitude. Como não podemos mexer na probabilidade de haver um terremoto (pelo menos, por enquanto), devemos procurar minimizar o impacto (consequência) de tal evento de risco no projeto Assim, toda usina nuclear (como Angra 2, por exemplo) é calculada para resistir estruturalmente ao impacto de um evento de risco de terremoto de dada magnitude. Sendo assim, minimizamos (às vezes até eliminamos) o impacto desse evento de risco (terremoto) no projeto (usina nuclear de Angra 2). O mesmo ocorreu com o projeto da hidrelétrica de Itaipu. Embora considerar risco de terremoto em hidrelétrica não seja normal num país tão assísmico como o Brasil, as consequências advindas da ruptura da barragem de

Itaipu num evento de risco (embora de baixíssima probabilidade) seriam catastróficas.

Por outro lado, podemos desenvolver ações que impactem a probabilidade associada ao evento de risco. Por exemplo, todo reator de uma usina nuclear deve resistir ao impacto de avião na sua casca de concreto. Podemos, ainda, impedir o sobrevoo de aeronaves num círculo de determinado diâmetro em torno da usina nuclear. Com isso, estamos mexendo na probabilidade associada ao evento de risco. O ideal, no entanto, seria fazer as duas coisas, isto é, impedir o sobrevoo e calcular a casca de concreto para resistir ao impacto de avião. Nesse momento, nos defrontamos com uma nova e importante variável associada ao gerenciamento de risco: quanto custa tudo isso? A taxa de retorno justifica tal procedimento?

Suponha, por exemplo, que você esteja assistindo a uma aula de gerenciamento de riscos numa das instalações de uma escola, situada em um prédio de vários andares. Existe alguma probabilidade de um avião entrar pela janela da sua sala de aula? Claro que existe! Assim, devemos inferir que a estrutura do prédio onde você está, nesse momento, foi calculada para resistir ao impacto de avião, correto? Claro que não! Lembre-se de que se um avião entrar pela janela do prédio durante uma aula de gerenciamento de riscos, o "máximo" que ele causará será o óbito de 30 a 40 alunos e do professor. Isto compensa que todo o prédio seja calculado e construído para resistir ao impacto de aviões? Não, porque o produto da probabilidade do evento (baixíssima) pelo efeito do mesmo (a morte de 40 alunos mais um professor, quantificada monetariamente) não compensa tal procedimento. Sabemos que tal atitude parece bastante insensível, mas é assim que as coisas funcionam. Olhando para a usina de Angra 2, sabemos que a probabilidade de um avião atingir sua casca de concreto é igualmente baixíssima. No entanto, o efeito de tal impacto pode ter consequências terríveis, com vazamento radioativo, que pode levar à morte, ao longo dos anos, de milhares de pessoas. Lembre-se de Chernobyl, uma cidade fantasma que até hoje sofre as consequências da radioatividade liberada. Assim, considerar tal evento (o choque de avião) em uma usina nuclear é justificado pelo custo associado ao seu efeito (consequências), mas seria uma sandice para um prédio comercial no Brasil.

O mesmo raciocínio se aplicaria, também, ao rompimento da barragem de rejeitos da Samarco, no que viria a ser o maior desastre ecológico do Brasil até então. As barragens de rejeitos são provavelmente as maiores estruturas do planeta feitas pelo homem. Tendo isso em vista, o gerenciamento de risco em projetos de mineração deve ter como ponto fundamental os cuidados com a vida e o ambiente (Freitas, Silva e Menezes, 2016).

Estamos, agora, em condições de formular, matematicamente, a composição do risco, consolidando o que dissemos anteriormente. Numa visão consolidada, De Camprieu, Jacques e Yang (2007) resumem os três componentes do risco em dois, conforme explicitado:

1) eventos que fatores endógenos ou exógenos (causas raízes) podem disparar e que afetarão (para o bem ou para o mal) os objetivos do projeto. São representados pela função de densidade $f(y)$, e a probabilidade de cada evento é função dos fatores de risco (causas raízes);
2) amplitude do impacto de cada evento, caso ocorra, nos objetivos do projeto. Os impactos são representados pela função de densidade $g(x)$, e a amplitude do impacto é também função dos fatores de risco (causas raiz).

Assim, o risco é representado matematicamente por uma função de densidade de risco $h(x, y) = g(x/y) \cdot f(y)$, que combina a probabilidade e a amplitude do impacto dos vários eventos de risco. Neste caso, $g(x/y)$ significa o valor de x condicionado ao fato de que y tenha ocorrido. Trata-se, portanto, de uma função condicionada a outra. Isso porque só podemos avaliar os efeitos do risco – g (x) – se ele tiver realmente ocorrido – f (y). Por isso, usamos g (x/y).

O conceito de exposição ao risco, valor esperado ou valor monetário esperado (Boehm, 1991), frequentemente referenciado na literatura de gerenciamento de projeto, é uma versão da função de densidade de risco, isto é: exposição ao risco (ER) = $\sum_{i=1}^{n} \Sigma P(X_i)$. $C(X_i)$, onde $P(X_i)$ é a probabilidade de um evento de risco e $C(X_i)$ é a consequência desse evento i (medida em alguma unidade).

Podemos, agora, usar esta fórmula apresentada para entender quando e por que levamos (ou não) em consideração o gerenciamento de riscos em projetos.

Suponhamos que a probabilidade de um avião entrar em sua sala seja de 10^{-8} e que o efeito de tal evento seja estimado em R$ 1 bilhão (o "custo" da vida total daqueles 40 alunos mais o professor, que pereceram como consequência do evento). Logo, a exposição ao risco será: ER = 10^{-8} . R$ 1.000.000.000,00 = R$ 10,00.

Agora, vamos analisar o evento de risco terremoto na usina nuclear de Angra 2. A probabilidade de um terremoto é (por suposição) de 10^{-7}. No entanto, as consequências podem chegar, ao longo de vários anos, ao estrondoso valor de R$ 1 quintilhão. Logo, a exposição ao risco será: ER = 10^{-7} . R$ 1.000.000.000.000.000.000,00 = R$ 100.000.000.000,00.

Acreditamos que agora ficou claro para você, leitor, por que se uma aeronave começar a voar em torno do prédio onde você está assistindo à aula de gerenciamento de riscos em projetos, você deve rapidamente verificar qual é a rota de fuga da sala (dependendo da sua percepção e atitude em relação ao risco, claro). Por outro lado, isso explica por que, se um terremoto ocorrer em Angra dos Reis, você pode ficar "despreocupado" (pelo menos, em relação à usina nuclear de Angra 2). É provável que toda a cidade de Angra dos Reis e arredores sejam destruídos, mas a usina vai permanecer incólume.

Depois de analisarmos os componentes do risco, chegou o momento de definirmos os tipos de riscos encontrados em projetos. É o único modo de estarmos preparados para gerenciá-los adequadamente.

Tipos de riscos em projetos

De acordo com Hall e Hulett (2002), vários riscos afetam e envolvem os projetos, sendo necessário conhecer sua tipologia para que possamos bem identificá-los (ver capítulo 2 deste livro). É preciso, inicialmente, entender, de forma ampla, o que devemos ter em mente quando gerenciamos um projeto.

Assim, a seguir são apresentados os vários tipos de riscos que podem ocorrer em um projeto (Fortes, 2011).

1) Riscos externos ou ambientais do projeto – Correspondem aos riscos associados à ambiência externa ao projeto (Cleland e Ireland, 2007). De modo geral, são riscos sobre os quais quase nada pode se fazer, por serem difíceis de identificar e de controlar via plano de contingência (ver capítulo 4 deste livro). Entre esses riscos, encontram-se mudanças sociais, políticas, econômicas, ambientais, regulatórias, climáticas, demográficas, além de riscos inerentes à ação de terceiros, tais como clientes, fornecedores, concorrentes.

2) Riscos internos ou organizacionais do projeto – Correspondem aos riscos associados à ambiência interna da organização que abriga o projeto em questão (Cleland e Ireland, 2007). Entre eles, podemos citar cultura e clima organizacional, processos administrativos internos à organização, política de gestão de pessoas, por exemplo. São riscos que podem ser identificados e, eventualmente,

controlados e mitigados via planos de contingência (ver capítulo 4 deste livro).

3) Riscos tecnológicos do projeto – Correspondem aos riscos associados às tecnologias e processos usados em um projeto, isto é, muitas vezes um projeto lida com tecnologias ainda imaturas e/ou complexas que acabam por trazer riscos ao seu êxito. Como exemplo, podemos citar o caso do Boeing 787, um avião revolucionário cujo projeto, por ter se valido simultaneamente de várias novas tecnologias (materiais compósitos, uso intensivo de baterias para economia de combustível etc.), transformou-se em enorme dor de cabeça para a Boeing. Some-se a isso o próprio processo de construção do avião pela Boeing, que, terceirizando em demasia o desenvolvimento e construção de partes da aeronave, tornou o gerenciamento desse projeto extremamente complexo, pela enorme necessidade de coordenação de diversos *stakeholders* (*The Wall Street Journal*, 2013).

4) Riscos operacionais ou de gerenciamento do projeto – São os riscos associados às próprias áreas de conhecimento do gerenciamento de projetos. Isto é, um cronograma malfeito, um orçamento com valor-base muito aquém do esperado, um escopo sem foco definido, um plano de comunicação inadequado ou mesmo contratos dúbios são exemplos de riscos operacionais de projetos.

Assim, todas as áreas de conhecimento de gerenciamento de projetos, segundo o PMBOK, podem apresentar risco ao projeto (positivo ou negativo). Na verdade, tratamos o gerenciamento de projetos como se fosse algo determinístico, mas, na verdade, tudo num projeto é estocástico ou probabilístico. O escopo tem grande probabilidade de ser o que estabelecemos (mas pode não ser), os cronogramas devem seguir o que planejamos (mas também têm chance de ser bem diferentes), os orçamentos parecem que serão do modo como planejamos (mas podem mudar completamente, e assim vamos). O leitor, no entanto, já deve ter percebido que é difícil associarmos probabilidades a todas as facetas de um projeto. Além do mais, gerenciar um projeto onde tudo tem alguma probabilidade de ocorrer da forma que previmos ou não, não deve ser das coisas mais fáceis (e agradáveis) para seu gerente. Dessa forma, assumimos algumas específicas áreas do projeto como probabilísticas, e a maioria como determinística, estando atentos para controlar os desvios associados às probabilidades por nós atribuídas. Sendo assim, mais uma vez trabalhamos apenas no domínio das incertezas que podemos identificar e mensurar, e que tenham impactos relevantes nos objetivos dos projetos (*known unknowns* – quadrante superior esquerdo da figura 1).

Percepção e atitude individuais em relação ao risco

Cada um de nós tem uma percepção individualizada de risco, a qual molda a nossa atitude em relação a ele e, portanto, a forma como o gerenciamos. Essa percepção varia segundo nossa personalidade, isto é, cada um de nós pode associar distintos níveis de riscos a um mesmo evento. Voltando ao que já apresentamos: é isso que, por exemplo, faz com que pessoas viajem de avião sem nenhum problema e outras sequer cheguem perto de um aeroporto. Da mesma forma, essa percepção e atitude individuais é que fazem com que alguns investidores apliquem no turbulento mercado de derivativos enquanto outros preferem comprar barras de ouro e mantê-las dentro de um cofre forte, embora sempre correndo o risco de o cofre ser arrombado. Em outras palavras, o risco tem um enorme componente comportamental, o que, teoricamente, não permitiria uma padronização de abordagem para seu gerenciamento.

Entendam que quando padronizamos algo, imaginamos que todos se comportariam de forma semelhante perante aquela padronização. Tal não é verdade! Temos atitudes distintas em relação a riscos.

Se contextualizarmos agora o que mostramos para a área de gerenciamento de projetos, poderemos perceber, segundo De Camprieu, Jacques e Yang (2007), que a percepção dos riscos associados a um projeto pode ser distinta para os vários *stakeholders* envolvidos (gerentes de projeto, investidores, clientes, parceiros, fornecedores, governo etc.), o que faz com que haja diferentes atitudes em relação a como gerenciar os riscos. Podemos ir mais longe e concluir que mesmo questões culturais influenciam o modo como organizações percebem o risco (ou riscos) de projetos e, portanto, o(s) gerenciam (De Camprieu, Jacques e Yang, 2007). Segundo esses autores, a cultura de países influencia o gerenciamento de seus projetos. Por exemplo, países orientais têm uma percepção bastante crítica e conservadora em relação aos riscos em projetos, enquanto nós, por crermos que Deus é brasileiro, muitas vezes acreditamos que tudo vai sempre dar certo e nos tornamos especialistas, não em planejamento, mas sim em improvisação, advinda de um inadequado gerenciamento de riscos em projeto.

Assim, para Adler (2002), entender como os *stakeholders* percebem os riscos em projetos e quais as suas atitudes em relação a eles é fundamental para uma efetiva comunicação da gerência do projeto com os mesmos.

Nossa atitude em relação ao risco varia num *continuum*. Esse *continuum* de atitude tem num extremo a "aversão ao risco" (*risk-aversion*) – em que a pessoa se sente extremamente desconfortável com a incerteza associada ao risco –, passa por "tolerante ao risco" (*risk-tolerant*) – quando não há uma resposta planejada ao possível risco – e tem no outro extremo, "propensão ao risco" (*risk-seeking*) – quando se procura o risco em busca de um maior grau de utilidade ou bem-estar (Kwak e La Place, 2005).

Mas, afinal, por que tudo isso é importante? Imaginemos um mesmo projeto gerenciado por um *risk-aversion* e por um *risk-seeking*. Eles teriam seus riscos gerenciados da mesma forma? Claro que não! Além disso, imaginemos que os vários *stakeholders* do projeto têm atitudes distintas em relação aos riscos do mesmo. Como seria a comunicação entre eles?

Mas o que afeta nossa atitude em relação ao risco? Segundo Hillson e Murray-Webster (2017), fatores situacionais, heurísticas (regras básicas desenvolvidas ao longo da nossa vida, por meio das experiências a que somos submetidos) e emoções afetam essa nossa atitude. Dessa forma, vemos que nossas decisões em relação a como gerenciamos riscos não são completamente racionais – essa é, sem dúvida, uma área ainda a ser explorada no gerenciamento de riscos em projetos (Hillson e Murray-Webster, 2017).

Modelos de gerenciamento de riscos em projetos

Já vimos por que projetos têm riscos intrínsecos à sua própria natureza, contexto e planejamento original. Na verdade, a disciplina de gerenciamento de projetos pode ser vista como um esforço para trazer ordem e estruturação aos vários elementos de incerteza associados a um projeto.

Quando desenvolvemos a estrutura analítica de projeto (EAP), procuramos definir todo o escopo do projeto, de modo que ele fique claramente entendido e comunicado, formando a base para seu controle e monitoramento. Com a EAP definida, não deve haver incerteza acerca do escopo do projeto – todo o projeto está descrito na EAP, e o que não está descrito na EAP não está no projeto. Isso também ocorre nas áreas de custo e cronograma, por exemplo, em que orçamentos, cronogramas etc. são desenvolvidos para que não paire incerteza sobre o que ocorrerá nessas áreas de conhecimento do projeto.

Assim, embora possamos ver que cada área de conhecimento no gerenciamento de projetos lida, a seu modo, com a incerteza a ele associada, é o gerenciamento de riscos que lida específica e intencionalmente com as incertezas que têm impacto sobre o projeto, leia-se, riscos. O objetivo do gerenciamento de riscos é reduzir o número de incertezas que podem se materializar em problemas e minimizar o efeito daquelas que venham a ocorrer (Hillson, 2009). Da mesma forma, o gerenciamento de riscos procura aproveitar as oportunidades geradas a partir de incertezas, sendo proativo em reconhecê-las e delas tirar benefícios para o projeto. Um gerenciamento de riscos eficaz minimiza as ameaças e maximiza as oportunidades associadas ao projeto. Autores mostram que o gerenciamento de riscos eficaz e eficiente é antecedente fundamental ao sucesso de um projeto (Hillson, 2009). Infelizmente, outros autores mostram que um adequado gerenciamento de riscos ainda é raro em muitos projetos, e que a própria maturidade das organizações, no que tange a como gerenciam os riscos de seus projetos, é ainda muito baixa (Modica et al., 2010). Isso, no entanto, não deve nos fazer esmorecer em nossa busca por um gerenciamento, cada vez melhor, de riscos em projetos.

Para tal, há hoje vários modelos de gerenciamento de riscos passíveis de serem aplicados, os quais analisaremos a seguir, culminando com a abordagem do PMBOK (PMI, 2017a) aplicada ao gerenciamento de riscos em projetos.

Segundo Kerzner (2002), um gerenciamento de riscos adequado implica controlar possíveis eventos futuros de maneira proativa e não reativa. Verzuh (1999) também enfatiza a importância de o gerenciamento de riscos ser sistemático, para aumentar a capacidade de controle de riscos em projetos.

De maneira geral, todos os modelos de gerenciamento de riscos em projetos seguem uma abordagem semelhante, qual seja: identificar os riscos, avaliar os riscos, tratar os riscos e monitorar os riscos. Em torno dessa abordagem padrão, há pequenas variações dependendo do modelo usado. O quadro 1 consolida as etapas relativas ao gerenciamento de riscos em projetos, segundo várias fontes referenciais. Além disso, de modo geral, Goldberg e Weber (1998) sistematizam o processo de gerenciamento de riscos em projetos, por meio do quadro 1.

Quadro 1
Modelos gerais de gerenciamento de riscos

Fonte	Processos de gerenciamento de riscos
Prince (2002)	Identificação dos riscos. Avaliação dos riscos. Identificação de respostas adequadas aos riscos. Seleção de respostas para tratar os riscos. Planejamento (tempo, recursos) das respostas aos riscos. Monitoramento e comunicação.
Smith e Merrit (2002)	Identificação dos riscos. Análise dos riscos. Mapeamento e priorização dos riscos. Resolução dos riscos. Monitoramento dos riscos.
PMI (2017a)	Planejamento do gerenciamento de riscos. Identificação de riscos. Análise qualitativa dos riscos. Análise quantitativa dos riscos. Planejamento das respostas aos riscos. Implementação das respostas aos riscos. Monitoramento dos riscos
NBR ISO 10006 (2006)	Identificação dos riscos. Avaliação dos riscos. Tratamento dos riscos. Controle dos riscos.

Fonte: adaptado de Fortes (2011:28).

O gerenciamento de riscos em projetos segundo o PMBOK

Como visto, os modelos existentes para gerenciamento de projetos abordam o gerenciamento de riscos de forma muito similar. Sendo assim, e considerando que nosso livro se baseia no guia PMBOK do PMI (PMI, 2017a), é interessante descrevermos de forma sucinta os sete processos que esse guia indica como necessários para o gerenciamento de riscos em projetos. Devemos lembrar a você, leitor, que os próximos capítulos deste livro abordam justamente esses sete processos em profundidade.

Figura 4
O processo de gerenciamento de riscos em projetos

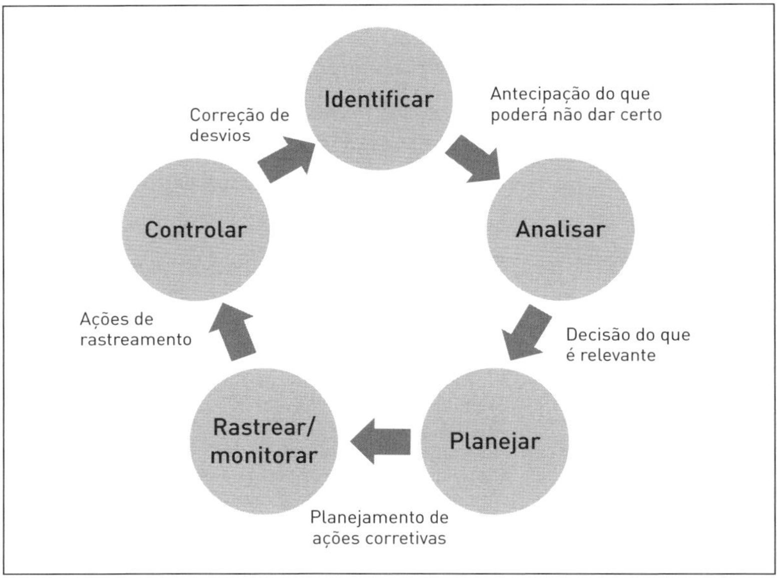

Fonte: Goldberg e Weber (1998).

Para o PMBOK (PMI, 2017a), o gerenciamento de riscos em projetos é composto dos seguintes processos: planejamento, identificação, análise (qualitativa e quantitativa), planejamento das respostas, implementação das respostas e monitoramento dos riscos do projeto. Os objetivos do gerenciamento de riscos são aumentar a probabilidade e o impacto dos eventos positivos (oportunidades) e reduzir a probabilidade e o impacto dos eventos negativos (ameaças) no projeto. A seguir, apresentamos um resumo desses sete processos, os quais, como já dissemos, serão foco dos próximos capítulos (PMI, 2017a:395):

1) planejamento do gerenciamento do risco – definição de como conduzir as atividades de gerenciamento dos riscos de um projeto;
2) identificação do risco – identificação dos riscos individuais do projeto, bem como das fontes de risco geral, assim como documentação de suas características;
3) análise qualitativa do risco – execução de uma análise qualitativa dos riscos para avaliar seus efeitos nos objetivos do projeto e priorizá-los;
4) análise quantitativa do risco – medição da probabilidade e consequência dos riscos e estimação de suas implicações nos objetivos do projeto;
5) planejamento da resposta ao risco – elaboração de alternativas, seleção de estratégias e definição de ações acordadas para lidar com a exposição geral do projeto aos riscos, assim como para tratar os riscos individuais do projeto;
6) implementação da resposta ao risco – implementação dos planos acordados de resposta ao risco;
7) monitoramento dos riscos – monitoramento da implementação dos planos acordados de respostas aos riscos, acompanhamento dos riscos identificados, identificação e análise de novos riscos e avaliação da eficácia do processo de gerenciamento de risco ao longo de todo o ciclo de vida do projeto.

* * *

Neste capítulo, procuramos percorrer brevemente a história do risco na humanidade, introduzir o complexo conceito de risco e sua ligação com o conceito de incerteza, explicar por que projetos têm riscos individuais intrínsecos e riscos gerais, descrever os componentes do risco em projetos e analisar os tipos de risco existentes. Buscamos, ainda, apresentar o lado comportamental do gerenciamento de riscos em projetos a partir da percepção que cada um de nós tem dos riscos, e, finalmente, apresentar alguns modelos consagrados de gerenciamento de riscos em projetos, com natural ênfase na abordagem do PMBOK do PMI.

Nos próximos capítulos, você iniciará uma viagem pelos sete processos de gerenciamento de riscos preconizados pelo PMBOK, já municiado da necessária base para entendê-los, razão maior deste capítulo.

2
Planejamento do gerenciamento e identificação de riscos em projetos

Começamos este capítulo com uma pergunta ainda sem resposta: "Existe projeto perfeito?". Ainda não se viu registro de um projeto perfeito, com planejamento perfeito, sem alterações ou indefinições e incertezas. Isso seria algo inédito. Você já vivenciou um projeto assim? Segundo Alencar e Schmitz (2005:5): "O problema é que os elementos [de] que um gerente necessita para produzir uma estimativa confiável são intrinsecamente incertos e só serão totalmente conhecidos em algum ponto do futuro".

Processos são repetitivos, possuem passado, sua previsibilidade atenua os riscos, permitindo assim uma facilidade maior em obter estimativas. Por outro lado, projetos são únicos, dizem respeito ao futuro, sua imprevisibilidade acentua riscos e provoca maior dificuldade em obter estimativas.

É aí que entra a Gestão de Riscos na busca do projeto de sucesso. Mais uma vez citando Alencar e Schmitz (2005:6): "Já que os projetos estão repletos de incertezas, [...] os gerentes de projeto deveriam estar aptos a lidar com estas incertezas, em todas as suas dimensões".

Mas será mesmo que estamos aptos?

Neste capítulo vamos abordar o planejamento para gerenciamento de riscos e a identificação de riscos do projeto. São os primeiros passos de uma jornada que, certamente, vai mudar os resultados obtidos em seus novos projetos.

Como ponto de partida, precisamos definir as regras, antes mesmo de começar. O planejamento do gerenciamento de riscos em um projeto é o documento que descreve as regras e diretrizes do gerenciamento de riscos de maneira a refletir as necessidades da organização e do projeto em si. Para esse planejamento, é preciso entender o perfil e o comportamento da empresa, assim como a importância e a representatividade do projeto para ela. Somente assim, é possível traçar uma estratégia para gerenciar os riscos.

Planejamento do gerenciamento de riscos em projetos

O planejamento do gerenciamento de riscos envolve uma análise pelo gerente de projeto, com apoio de sua equipe (e outros *stakeholders* identificados por ele), a respeito de como a organização irá lidar com os riscos.

No processo de planejamento do gerenciamento de riscos de um projeto, vamos definir uma metodologia para conduzir as atividades ligadas aos processos pertinentes. A visibilidade e a abrangência do gerenciamento de riscos do projeto devem ser proporcionais à importância deste para a organização.

Segundo Salles Jr. et al. (2010:37),

> o gerenciamento de riscos, desde seu planejamento, deve ser feito na concepção do projeto, no momento de seu planejamento inicial, antes de tomarmos a decisão final se devemos ir em frente ou não (momento de decisão de *go/no-go* do projeto ou de fechamento da proposta) com o projeto [conforme mostrado na figura 5].

Segundo o PMI (2017a), o processo planejar o gerenciamento de riscos deve começar na concepção do projeto e estar concluído no efetivo início do mesmo. Algumas vezes, é necessário revisitar esse processo em fases mais adiantadas do ciclo de vida do projeto, especialmente em caso de mudança significativa do escopo.

Em suma, o planejamento para o gerenciamento de riscos é uma reflexão conduzida nas fases de concepção do projeto, procurando reproduzir uma análise do cenário para a gestão de riscos do projeto, bem como responder a algumas questões básicas, como:

- Qual o papel e a importância que o gerenciamento de risco irá ter no desenvolvimento do projeto?
- Haverá resistências ao uso do gerenciamento de riscos no projeto por parte dos *stakeholders*? Quais? Como enfrentá-las?
- Qual a metodologia a ser utilizada no gerenciamento de riscos?
- Será utilizado algum sistema ou ferramenta automatizada para o gerenciamento de riscos em projeto? Qual?
- Quem serão os *stakeholders* envolvidos com o gerenciamento de riscos do projeto? Quais são suas responsabilidades no processo?
- Quais os formulários e relatórios que serão usados no gerenciamento de riscos do projeto? Onde encontrá-los?
- Quais as métricas a serem aplicadas para a análise e acompanhamento dos riscos do projeto? Quais os indicadores?

Vale ressaltar que, independentemente do momento de início das atividades relacionadas ao gerenciamento de riscos, todo o planejamento do projeto precisa ser conduzido em conjunto. Em outras palavras, não há como realizar o planejamento do gerenciamento de riscos sem o apoio das informações geradas nos processos de planejamento das demais áreas de conhecimento. Os planos de gerenciamento de custos, do cronograma, de gerenciamento de comunicações, enfim, todos os planos de gerenciamento das áreas de conhecimento, auxiliares do plano de gerenciamento do projeto, estão relacionados entre si e, obviamente, influenciam e são influenciados pelo plano de gerenciamento de riscos.

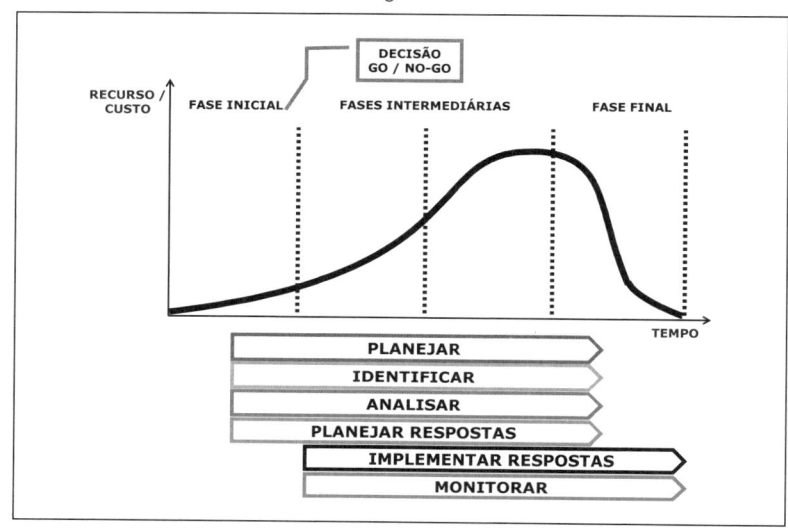

Figura 5
Momento de iniciar o gerenciamento de riscos

```
RECURSO /                    DECISÃO
CUSTO    FASE INICIAL        GO / NO-GO      FASE FINAL
                         FASES INTERMEDIÁRIAS

                                                        TEMPO
                    PLANEJAR
                    IDENTIFICAR
                    ANALISAR
                    PLANEJAR RESPOSTAS
                         IMPLEMENTAR RESPOSTAS
                    MONITORAR
```

Fonte: adaptada de Salles Jr. et al. (2010:37).

Sem dúvida nenhuma, o planejamento do gerenciamento de riscos e demais processos de gerenciamento de riscos envolvem um conjunto de atividades a serem desenvolvidas ainda nas etapas iniciais de um projeto.

Considerando que o projeto sequer está aprovado, poderíamos então nos perguntar: "Mas e se o cliente desistir ou não aprovar? Não seria um trabalho em vão? Já temos tantas atividades a realizar ao apresentar uma proposta de projeto para o cliente e a pressão de prazos é sempre um obstáculo". A resposta vem com outra pergunta: "Mas e se ele não desistir?".

Seguir com um projeto sem gerenciar riscos é como pegar um carro na concessionária e ir para rua sem seguro. De que adianta colocar um carro no seguro depois de sofrer o acidente? O momento correto de contratar o seguro é antes de retirá-lo da concessionária.

E então? Está convencido a investir mais tempo nas atividades de planejamento para gerenciar os riscos do seu projeto ou prefere contar com a sorte?

Para direcionar o planejamento para gerenciar os riscos, é preciso entender melhor a representatividade e a importância do projeto e do gerenciamento de seus riscos para a organização. Assim, é imprescindível avaliar o contexto em que se insere o projeto.

Maturidade em gerenciamento de riscos

No intuito de avaliar o entorno do projeto, devemos iniciar uma reflexão sobre os ambientes interno e externo à organização. Chega, portanto, a hora de nos perguntarmos:

- Eu trabalho em uma empresa conservadora ou agressiva?
- Qual a representatividade do meu projeto para a empresa?
- Há uma cultura de gerenciamento de riscos na organização? Se sim, em que nível de maturidade?
- Como está o mercado em que atuo? Devo adaptar o meu perfil às necessidades do negócio?

Em 2017, o PMI promoveu a nona Pesquisa Global de Gerenciamento de Projetos (Pulse of the Profession® – 9th Global Project Management Survey – PMI, 2017b), na qual empresas foram questionadas a respeito da frequência com que utilizavam práticas de gerenciamento de riscos. Apenas 26% delas informaram que sempre utilizam práticas de gerenciamento de riscos em seus projetos, 34% afirmaram que utilizam com frequência, 26% utilizam às vezes, 11% raramente e 4% delas nunca utilizam. Apesar disso, o gerenciamento de riscos está entre as três práticas aplicadas com mais frequência pelas organizações em seus projetos.

A maturidade em gerenciamento de riscos da empresa em que você trabalha influencia diretamente a forma como você lida com riscos nos seus projetos (ver quadro 2). Assim, é o momento de entender o apetite de nossa organização frente aos riscos e, por outro lado, como será efetivamente sua atitude real ao lidar com eles.

Mas o que seria o apetite a riscos de uma organização? Por outro lado, como entender melhor o significado das atitudes? Vejamos a seguir.

Quadro 2
Maturidade em gerenciamento de riscos nas organizações: apetite *versus* atitude

Organizações pouco maduras	Organizações maduras
Não entendemos, nem ligamos pra isso.	O gerenciamento dos riscos faz parte do gerenciamento do projeto (sempre).
Sabemos que existe, não sabemos aplicar.	Procuramos estar em dia com as melhores práticas e técnicas.
Não faz parte da cultura da empresa.	Processo de gerenciamento de riscos é tratado no nível estratégico (alta gerência) da empresa.
Podemos fazer, se o cliente mandar (e pagar, é claro).	Sabemos da importância de ter dados precisos para as análises de risco.
É um negócio muito complexo, não dá retorno.	Entendemos o valor do gerenciamento de riscos para o projeto.

Existe uma grande diferença entre o apetite de uma organização frente aos riscos e a atitude dessa organização.

O apetite diz respeito à cultura organizacional, ao usual, ao habitual na empresa. Reflete a forma como a organização normalmente lida com as incertezas. Em outras palavras, reflete a tolerância a riscos da organização.

A atitude, por outro lado, diz respeito ao posicionamento tomado frente a eventos de risco em determinada situação, independentemente da cultura organizacional. Em outras palavras, reflete a postura pretendida.

Muitas vezes, uma empresa conservadora se vê obrigada a tomar atitudes agressivas frente aos riscos de seu projeto, tornando-se uma exímia tomadora de riscos. Isso não é um paradoxo e nem uma incoerência de comportamento, mas sim uma necessidade.

Por exemplo, em 2008 vivenciamos uma forte crise financeira internacional que levou as organizações a puxarem o freio de seus investimentos. Mesmo as mais agressivas e tomadoras de riscos se viram obrigadas a agir com parcimônia. Já em 2011, por outro lado, passamos a vivenciar um período de forte valorização imobiliária em todo o Brasil e até mesmo os investidores, ou mesmo as construtoras e imobiliárias com perfis mais conservadores, se viram de certa forma mais confortáveis em ousar, assumindo projetos de maior risco, dada a situação aquecida e promissora do mercado imobiliário. No entanto, a partir de 2014, o país experimentou uma das piores crises econômicas da história, e o mercado imobiliário sofreu outro revés. Investimentos foram interrompidos, projetos foram cancelados, equipes inteiras desmobilizadas. Assim, a situação econômica influencia diretamente as atitudes das organizações.

Nesse contexto, você deve não apenas entender o apetite ou tolerância a riscos da organização onde trabalha, mas principalmente identificar a estratégia relativa à atitude a ser adotada frente aos riscos do projeto em questão. Assim, será possível definir a metodologia adequada para conduzir a gestão de riscos no projeto.

Estando clara a necessidade do gerenciamento de riscos para a organização, ficam as seguintes dúvidas: Como organizar o planejamento para o gerenciamento de riscos? Quem participa desse trabalho?

As reuniões de planejamento são o portão de entrada, para a organização, das informações a serem consideradas no plano de gerenciamento de riscos.

Reuniões de planejamento

Com o objetivo de preparar o plano de gerenciamento de riscos, parte integrante do plano de gerenciamento do projeto, uma ou mais reuniões de planejamento são conduzidas pelo gerente de projeto junto aos membros da equipe, alguns *stakeholders* identificados por ele e membros da organização com responsabilidade de gerenciar o planejamento de riscos. No registro de *stakeholders* (partes interessadas), é possível encontrar detalhes sobre os papéis e responsabilidades, bem como sua atitude frente aos riscos e, ainda, limites definidos para os riscos do projeto.

As reuniões de planejamento têm como foco principal obter os seguintes resultados:

- plano de alto nível para gestão dos riscos;
- elementos de custos para gestão de riscos a serem incluídos no orçamento;
- atividades para gestão de riscos a serem incluídas no cronograma;
- abordagens para utilização de reservas de contingência;
- responsabilidades no gerenciamento do risco;
- criação de categorias de riscos;
- matriz de probabilidade e impacto: definições básicas sobre níveis de risco, probabilidades (por tipo de risco), impactos (por tipo de objetivo).

Como dados de entrada para esse trabalho, o gerente de projetos e demais participantes da reunião devem considerar todos os documentos já concebidos no projeto, bem como as informações disponibilizadas pela organização. Como exemplo, podemos citar:

- termo de abertura do projeto (*project charter*);

- declaração de escopo (objetivos, justificativa, premissas, restrições, descrição dos produtos e demais informações);
- estrutura analítica do projeto (EAP ou WBS – *work breakdown structure*);
- registro de partes interessadas (*stakeholders*);
- estimativas iniciais de prazos;
- estimativas iniciais de custos;
- cultura organizacional (apetite e atitude);
- bancos de dados (informações históricas);
- política corporativa (procedimentos ou metodologias já existentes para gerenciar riscos: formulários padrão, nomenclaturas, categorização de riscos, definição e descrição de papéis etc.).

Um único documento é gerado como resultado das reuniões de planejamento. Esse documento é conhecido como plano de gerenciamento de riscos e deverá orientar o gerente de projeto (e os demais envolvidos com o gerenciamento de riscos do projeto) na condução das ações de gestão de riscos ao longo do ciclo de vida do projeto.

Plano de gerenciamento de riscos

Conforme explanado, o plano de gerenciamento de riscos é parte integrante do plano de gerenciamento do projeto, descrevendo todas as orientações dadas pelo gerente e sua equipe para direcionar como o gerenciamento dos riscos será estruturado e realizado ao longo do projeto.

Vamos agora explicitar o que deverá fazer parte desse documento.

O plano de gerenciamento de riscos deve referenciar a metodologia a ser utilizada, suas abordagens, ferramentas disponíveis e fontes de dados para consulta. Nesse documento são definidos papéis e responsabilidades, ou seja, identificamos um líder, a equipe de suporte e demais membros da equipe envolvidos no gerenciamento de riscos do projeto. Uma matriz de responsabilidade e uma matriz de comunicação para as atividades de gerenciamento de riscos poderão ser preparadas como documentação de suporte.

Para que se possa estabelecer uma metodologia de gerenciamento de riscos, é preciso desenvolver um documento padrão que poderá servir de referência para futuros projetos. Vamos definir como serão os relatórios a serem produzidos ao longo dos processos de gerenciamento de riscos, ou seja, descrever o conteúdo e formato do registro ou lista de riscos, bem como dos demais relatórios gerados.

No planejamento do gerenciamento de riscos – em coordenação com os processos de gerenciamento de cronograma e gerenciamento de custos – definimos as atividades associadas à gestão de riscos a serem incluídas no cronograma, seus prazos, frequência com que serão realizadas, recursos atribuídos e estimativa de custos para as mesmas. Além disso, estabelecemos protocolos para a aplicação (e utilização) das reservas de contingência do orçamento e do cronograma.

Para evitar surpresas, revisamos a tolerância dos *stakeholders* com relação aos riscos do projeto e inserimos as percepções colhidas no plano de gerenciamento de riscos.

Desde a elaboração desse documento de planejamento já precisamos definir os níveis de probabilidade e impacto dos riscos, para uso na etapa de análise qualitativa dos mesmos. O ideal é preparar uma matriz de probabilidade e impacto e inseri-la no plano de gerenciamento de riscos. As combinações de probabilidade e impacto que fazem com que um risco seja classificado como alto, moderado ou baixo são definidas pela organização e variam conforme o apetite (tolerância) e a atitude de cada organização frente aos riscos em cada projeto. Observe o exemplo apresentado no quadro 3.

Quadro 3
Exemplo de definições de probabilidade e impacto

Escala	Probabilidade	+/- impacto sobre objetivos do projeto		
		Tempo	Custo	Qualidade
Muito alto	0,80	>70%	> 6 meses	> US$ 5 milhões	Impacto muito significativo sobre a funcionalidade geral
Alto	0,40	51-70%	3 – 6 meses	US$ 1M – US$ 5M	Impacto significativo sobre a funcionalidade geral
Médio	0,20	31-50%	1 – 3 meses	US$ 501.000 – US$ 1M	Algum impacto em áreas funcionais essenciais
Baixo	0,10	11-30%	1 – 4 semanas	US$ 100.000 – US$ 500.000	Impacto secundário sobre a funcionalidade geral
Muito baixo	0,05	1-10%	1 semana	< US$ 100.000	Impacto secundário sobre funções secundárias
Nulo	0,025	<1%	Sem mudança	Sem mudança	Nenhuma mudança em funcionalidade

Fonte: adaptado de PMI (2017a:407).

No exemplo do quadro 3, vimos apenas impactos negativos relacionados aos quatro principais objetivos do projeto em questão. Nem sempre os objetivos principais serão os mesmos para todos os projetos. Além disso, podemos também elaborar uma tabela similar para os impactos positivos, ou seja, oportunidades.

No capítulo 3, você terá mais informações sobre a matriz de probabilidade e impacto, quando for abordada a análise qualitativa de riscos.

As boas práticas de gestão de riscos indicam que devemos registrar o acompanhamento e controle dos riscos de maneira organizada, para que sirvam de referência para futuros projetos. As práticas de acompanhamento e registro devem ser padronizadas e definidas no plano de gerenciamento de riscos. Até mesmo as definições a respeito de possíveis auditorias nos processos de gestão de riscos devem ser estabelecidas no plano.

Por fim, há uma importante informação a ser inserida no plano de gerenciamento de riscos: as categorias de riscos. A ideia é definir uma estrutura que ajude na organização dos riscos identificados, agrupando-os em categorias. Esse trabalho traz um enorme benefício para os processos subsequentes do gerenciamento de riscos, como veremos a seguir.

Categorias de riscos

As categorias de riscos geralmente são estruturas que refletem as principais fontes potenciais de riscos do projeto. Para estabelecê-las, podemos utilizar uma lista de categorias ou uma estrutura analítica de riscos (EAR).

Muitas vezes, riscos em uma mesma categoria podem ser abordados com a mesma resposta. Sendo assim, a lista de categorias e subcategorias ajuda a identificar riscos ou grupos de riscos que poderão ser tratados juntos, com uma mesma estratégia e, até mesmo, com uma única resposta. Veremos mais detalhes sobre as estratégias de resposta a riscos no capítulo 4.

Observe, no quadro 4, um exemplo de estrutura analítica de riscos de um projeto com dois níveis. O primeiro nível diz respeito às principais categorias. O segundo nível diz respeito às subcategorias relacionadas ao primeiro nível.

Nesse exemplo, a categoria de riscos técnicos envolve tudo que se refere à tecnologia do projeto, escopo, requisitos, estimativas, premissas, restrições, processos técnicos, tecnologia empregada, interfaces técnicas e demais entregas (*deliverables*) associadas. A categoria dos riscos do gerenciamento engloba os riscos de gerenciamento de projetos, programas e portfólios, bem como o gerenciamento da operação, da organização, dos recursos e da comunicação, entre outros riscos próprios do gerenciamento.

Quadro 4
Exemplo de extrato de uma estrutura analítica de riscos (EAR)

EAR Nível 0	EAR Nível 1	EAR Nível 2
0. Todas as fontes de risco do projeto	1. Risco técnico	1.1 Definição do escopo 1.2 Definição dos requisitos 1.3 Estimativas, premissas, restrições 1.4 Processos técnicos 1.5 Tecnologia 1.6 Interfaces técnicas Etc.
	2. Risco do gerenciamento	2.1 Gerenciamento de projetos 2.2 Gerenciamento de portfólio/programa 2.3 Gerenciamento de operações 2.4 Organização 2.5 Recursos 2.6 Comunicação Etc.
	3. Risco comercial	3.1 Termos e condições do contrato 3.2 Aquisição interna 3.3 Fornecedores e prestadores de serviços 3.4 Subcontratos 3.5 Estabilidade do cliente 3.6 Parcerias e *joint ventures* Etc.
	4. Risco externo	4.1 Legislação 4.2 Taxas de câmbio 4.3 Local/instalações 4.4 Meio ambiente/clima 4.5 Concorrência 4.6 Regulamentação Etc.

Fonte: adaptado de PMI (2017a:406).

A categoria de riscos comerciais diz respeito a relações comerciais, termos e condições dos contratos, fornecedores e prestadores de serviços, inclusive relações de fornecimento internas, subcontratos, estabilidade do cliente, parcerias e *joint ventures*, entre outros. Por fim, a categoria de riscos externos é representada por incertezas inerentes ao ambiente externo ao projeto e que o afetam, tais como: legislação, taxas de câmbio, local e instalações, meio ambiente e clima, concorrência (mercado), regulamentação do setor, entre outras.

Outra linha de raciocínio é criar categorias conforme os objetivos do projeto, por exemplo: escopo, tempo, custo e qualidade. Dessa maneira, podemos partir dessas categorias para identificar os fatores de risco dos projetos.

A EAR é uma forma de organizar as categorias de riscos e será de grande ajuda para a equipe na identificação dos riscos do projeto, relembrando aos envolvidos algumas das principais fontes de risco. Podemos dizer que o desenvolvimento da EAR é o ponto de partida para o processo de identificação de riscos, o segundo processo de gerenciamento de riscos, que veremos a seguir.

Identificação de riscos em projetos

Neste ponto, tendo estabelecido o plano de gerenciamento de riscos, já é possível dar início à identificação de riscos que podem afetar o projeto. Todos os demais processos de gerenciamento de riscos dependem diretamente da identificação dos riscos. Somente os riscos identificados ou, melhor ainda, identificáveis serão levados às próximas etapas de análise (qualitativa e/ou quantitativa), planejamento e implementação de respostas, e monitoramento. É certo que riscos novos podem ser identificados posteriormente ao longo das demais etapas, em especial ao aplicarmos as respostas aos riscos, visto que outras perspectivas e pontos de vista podem surgir. Uma resposta a um risco pode impactar o projeto, de maneira a permitir o aparecimento de novos riscos.

Como visto no capítulo 1, os riscos identificáveis são aqueles que somos capazes de perceber, ou seja, são os possíveis impactos ao projeto que somos capazes de identificar, normalmente em função de dados históricos ou da experiência de especialistas no assunto. Esses são os riscos que conseguimos tratar no gerenciamento de riscos. É possível realizar uma análise, prever e implementar respostas a eles e monitorá-los. Em outras palavras, é possível prever reservas de contenção ou de contingência para os riscos identificados.

Já os riscos não identificáveis são aqueles que sequer somos capazes de perceber quando do planejamento do projeto, ou seja, seus impactos no projeto ainda não são conhecidos. Mesmo os mais experientes não seriam capazes de identificá-los, possivelmente por serem riscos inéditos, sem histórico associado, nunca antes ocorridos e até inimagináveis. Esses riscos estão fora do âmbito de atuação do gerenciamento de riscos, como visto no capítulo 1. Não conseguimos identificá-los, logo não é possível realizar análise ou planejamento de resposta a eles.

Em suma, o objetivo principal da identificação de riscos é gerar uma lista ou registro daqueles que podem afetar os objetivos do projeto positiva ou negativamente, ou seja, gerando oportunidades ou ameaças.

A identificação é o processo que dispara o gerenciamento de riscos de um projeto, conforme previsto no processo de planejamento de gestão de riscos. Trata-se de um processo interativo, pois novos riscos podem surgir ou ser identificados ao longo do ciclo de vida do projeto. Vamos entender como funciona.

Como identificar riscos

Para identificar os riscos de um projeto é preciso avaliar todos os aspectos que envolvem incertezas. Por exemplo, são fontes potenciais de riscos:

- premissas e restrições (registro de premissas);
- *stakeholders* (registro de *stakeholders*);
- itens do escopo, entregas da EAP (*baseline* de escopo);
- requisitos (documentação de requisitos);
- atividades, marcos e estimativas de durações do cronograma (*baseline* do cronograma);
- estimativas de recursos do projeto (requisitos de recursos);
- estimativas de custos do orçamento e financiamento (*baseline* de custos);
- registro de lições aprendidas;
- contratos e acordos;
- planos de gerenciamento do projeto: plano de gerenciamento dos requisitos, plano de gerenciamento do cronograma, plano de gerenciamento dos custos, plano de gerenciamento da qualidade, plano de gerenciamento de recursos, plano de gerenciamento dos riscos, *baseline* do escopo, *baseline* do cronograma, *baseline* dos custos.

Segundo Salles Jr. et al. (2010:44), todas as demais áreas de conhecimento de gerenciamento de projetos podem ser consideradas fontes geradoras potencias de riscos, conforme quadro 5.

Para começar o trabalho, devemos buscar as informações dentro do estoque de conhecimento da organização, o que inclui uma revisão de banco de dados com informações históricas e consulta aos especialistas internos.

Consultorias e *benchmarkings* também são opções para complementar a coleta de informações, em especial nos casos em que não haja experiência anterior com projetos similares dentro da organização.

Quadro 5
Fontes potenciais de riscos *versus* áreas de conhecimento de gerenciamento de projetos

Área de conhecimento	Potencial de risco associado
Integração	Ambiente do projeto
Escopo	Escopo mal definido
Cronograma	Estimativas de prazo agressivas ou inviáveis
Custo	Orçamentos agressivos ou inviáveis
Recursos	Ausência por doença Capacitação insuficiente Produtividade aquém do esperado
Comunicação	Perda de informação Comunicação ineficaz Informação desatualizada.
Qualidade	Falhas ou inadequação do produto
Aquisições	Desempenho aquém do esperado Produtos fora das especificações Falta de compromisso com os prazos
Stakeholders	Influências positivas ou negativas

Fonte: Salles Jr. et al. (2010).

Estoque de conhecimento

O estoque de conhecimento de uma organização é seu bem mais precioso. Registros de informações históricas e lições aprendidas de projetos anteriores, bem como a experiência dos especialistas compõem a fonte principal para a pesquisa inicial. Isso inclui *checklists* de riscos, bancos de dados e arquivos de projetos anteriores.

Uma forma de aproveitar o estoque de conhecimento é a analogia. Usar a analogia é uma maneira de buscar informações históricas e conhecimento acumulado em projetos similares anteriores. Podemos realizar analogia com projetos internos buscando o estoque de conhecimento. Essas informações, para que possam ser aproveitadas, devem ser registradas e organizadas em um possível banco de dados interno sobre riscos em projetos, a ser mantido pela organização. Podemos, alternativamente, buscar registros de projetos externos, por meio de bancos de dados mantidos por outras organizações, caso estejam disponíveis. Infelizmente, a analogia externa não é uma prática muito comum, já que dificilmente as organizações compartilham suas experiências negativas para não se expor, e muito menos suas experiências positivas que representam seu diferencial competitivo.

O uso de informações por meio da analogia permite maior rapidez e exatidão no processo de identificação de riscos. Nenhum projeto novo está associado a uma lista de riscos inteiramente nova. Projetos com as mesmas características tendem a ter um número bastante grande de riscos típicos.

É importante notar que a confiabilidade das informações coletadas por meio do uso de analogia depende diretamente:

- dos dados utilizados, ou seja, é imprescindível que os projetos sejam similares de fato, e não aparentemente;
- dos profissionais que realizam a analogia, ou seja, estes devem ser necessariamente especialistas no assunto.

Manter um banco de dados com os registros de riscos identificados nos projetos faz parte do conjunto de boas práticas do gerenciamento de riscos em projetos. Dessa forma, criamos uma fonte de pesquisa de informações históricas confiáveis que, certamente, servirá de ponto de partida para identificação de riscos em projetos futuros.

Premissas de planejamento dos riscos

Todo projeto é repleto de incertezas, em especial nas suas fases iniciais, quando ainda temos poucas informações. Faz-se necessário estabelecer premissas – hipóteses assumidas como verdade pela equipe e pelo gerente de projeto – para fins de planejamento. Ao assumir uma premissa, o gerente de projeto e sua equipe assumem também os riscos associados a ela, sua incerteza e seu impacto. Todo o projeto, assim como seus riscos identificados, toma por base um conjunto de premissas, como visto no capítulo 1. A análise das premissas adotadas em relação ao projeto explora sua validade frente ao ciclo de vida do projeto. Nessa análise, podem-se identificar os riscos do projeto decorrentes do caráter inexato, instável, inconsistente ou incompleto das premissas.

Por exemplo, vamos assumir a premissa de que um determinado profissional experiente estará disponível para realizar uma atividade crítica do projeto. Podemos dizer que existe um risco associado a essa premissa, caso o profissional não possa realizar tal atividade e a mesma seja delegada a um profissional menos experiente. Possivelmente, a produtividade observada será diferente – provavelmente aquém do esperado –, o que causará atraso no projeto por tratar-se de uma atividade crítica.

Assim, premissas devem ser registradas e revisadas ao longo de todo o projeto. Dessa forma, é possível confrontar suas inconsistências, incoerências e incertezas. Os riscos associados a essas premissas devem ser devidamente identificados e inseridos na lista ou registro de riscos.

Coleta de informações

Assim que os riscos provenientes de dados históricos, bem como os riscos provenientes das premissas, estiverem mapeados, partiremos para a coleta de informações para identificar novos riscos.

Na identificação de riscos, assim como em qualquer situação em que seja preciso coletar, buscar ou pesquisar informações podemos utilizar algumas ferramentas, entre as quais:

- entrevistas;
- *brainstorming* e *brainwritting*;
- técnica Delphi;
- causa raiz.

Entrevistas

Entrevistar pessoas a fim de coletar dados para o projeto deve ser um trabalho planejado e estruturado, de forma que consigamos as informações corretas, sem gerar problemas de relacionamento com os *stakeholders*. Em outras palavras, algumas entrevistas mal conduzidas acabam aborrecendo o entrevistado, perturbando o bom andamento do projeto, e as informações coletadas provavelmente não serão as melhores.

Para que tenhamos uma entrevista bem conduzida, é necessário planejá-la. Vamos, então, tratar a entrevista como um projeto e criar uma estrutura analítica do projeto (EAP) para seu escopo conforme a figura 6.

Figura 6
Exemplo de EAP para uma entrevista

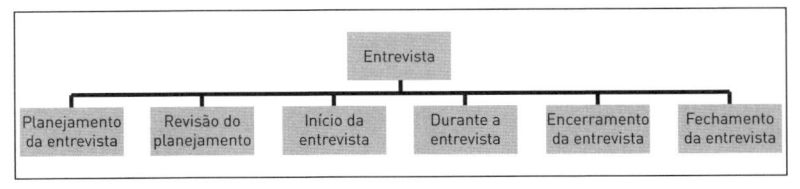

```
                        Entrevista
    ┌──────────┬──────────┬──────────┬──────────┬──────────┐
Planejamento  Revisão do  Início da  Durante a  Encerramento Fechamento
da entrevista planejamento entrevista entrevista da entrevista da entrevista
```

No planejamento da entrevista, definem-se:

- objetivo;
- abrangência;
- local, hora e duração;

- roteiro;
- forma de condução.

Na revisão do planejamento, deve-se:

- conhecer os entrevistados;
- identificar os problemas de agenda;
- revisar os roteiros.

No início da entrevista, é necessário:

- manter um diálogo informal;
- esclarecer os objetivos;
- fazer perguntas genéricas.

Durante a entrevista, recomendamos:

- manter um roteiro;
- escutar com atenção;
- agregar valor às respostas;
- evitar comentários tendenciosos e sugestões;
- sanar as dúvidas sobre o que se ouviu;
- registrar tudo por escrito ou com gravação.

No encerramento da entrevista, lembre-se de:

- fazer resumo oral da entrevista;
- pedir ao entrevistado que complemente ou corrija;
- questionar o entrevistado sobre a necessidade da participação de outros especialistas;
- deixar a porta aberta para possíveis retornos.

Finalmente, no fechamento da entrevista é preciso elaborar o relatório da entrevista.

Definido o escopo de trabalho da entrevista, devemos investir no planejamento de cada etapa, principalmente com relação aos prazos, já que as entrevistas precisam ser agendadas e consomem bastante tempo do entrevistador e dos entrevistados. Assim, é possível mapear essa atividade junto com as atividades de gerenciamento de projeto a serem inseridas na EAP do seu projeto.

Na entrevista, uma grande desvantagem é que não há interação entre os entrevistados, somente entre o entrevistador e cada entrevistado separadamente. Assim, técnicas alternativas como *brainstorming*, por exemplo, podem ser adotadas para permitir interação entre os participantes.

Brainstorming e brainwritting

O *brainstorming* é uma das mais conhecidas técnicas para geração e coleta de ideias ou informações. Consiste em estimular e coletar ideias dos participantes continuamente, sem nenhuma preocupação crítica, até que se esgotem todas as possibilidades. Para Salles Jr. et al. (2010:45), a ideia central do *brainstorming* é a "carona na ideia do outro".

Segundo Daychoum (2007:42), os dois princípios básicos do *brainstorming* são: atraso do julgamento e criatividade em quantidade e qualidade.

O princípio do atraso do julgamento envolve:

- não descartar nenhuma ideia;
- atrasar o julgamento enquanto ainda não houver sido finalizada a geração de ideias.

O princípio da criatividade em quantidade e qualidade pode ser traduzido por:

- quanto mais ideias forem geradas, mais chances de aparecer uma boa ideia.
- uma ideia má pode levar a outra ideia, que pode ser boa.

Daychum (2007:43) sugere, ainda, que um *brainstorming* bem conduzido deve seguir algumas regras básicas, focando na rejeição às críticas e no estímulo à criatividade, conforme o quadro 6.

O *brainstorming*, ou tempestade de ideias, ou "toró de parpite" (como também é conhecido), funciona da seguinte forma: primeiramente, define-se um facilitador (geralmente o gerente de projetos) para conduzir a reunião, que deve ser dinâmica e voltada para a identificação de riscos. Esse facilitador ou líder deve conhecer bem o processo de *brainstorming*, devendo ser capaz de manter-se relaxado em atmosfera descontraída.

Quadro 6
As regras de ouro do *brainstorming*

1	Críticas são rejeitadas.	Principal regra, diferencial.
2	Criatividade é bem-vinda.	Encorajar participantes, sem preconceitos.
3	Quantidade é necessária.	Quantidade gera qualidade.
4	Combinação e aperfeiçoamento são imprescindíveis.	Encorajar ideias adicionais para construção e reconstrução sobre as ideias dos outros.

O grupo gerador de ideias deve ser composto por uma equipe de seis a 12 participantes. O líder deverá indicar tais participantes para a reunião entre os membros da equipe do projeto ou fora dela, com o cuidado de não envolver pessoas que podem não agregar valor ao processo ou mesmo prejudicar o andamento da reunião. Os participantes devem ter experiência no assunto para que suas observações sejam pertinentes. Não é aconselhável misturar diferentes níveis hierárquicos, já que isso pode intimidar alguns participantes em suas posições e colocações. Imagine participar de uma reunião com seu superior. Você estaria à vontade para expor suas opiniões da mesma forma que estaria se a reunião envolvesse apenas seus pares na estrutura hierárquica?

Dependendo do relacionamento com o cliente, pode-se convidá-lo a participar. É uma forma de fazê-lo perceber que os riscos fazem parte do projeto, não sendo responsabilidade exclusiva do fornecedor. Nesse caso, deveremos focar apenas nos riscos inerentes ao projeto, não abordando riscos internos da equipe ou do fornecedor.

Além disso, deverá ser definido um apoio administrativo para registrar (anotar rapidamente) tudo que for sugerido na sessão.

Para conduzir adequadamente um processo de *brainstorming*, com objetivos claros e visando a uma rica coleta de informações, vamos adotar o passo a passo a seguir:

1) definir o "enunciado do problema" de forma clara;
2) selecionar os participantes do grupo de geração de ideias (geralmente 6 a 12 pessoas);
3) designar um apoio administrativo para agendar as sessões e registrar as informações em cada sessão;
4) enviar o resumo de informações e o contexto do projeto a todos os participantes;
5) escrever, em um quadro visível a todos, o "enunciado do problema";
6) iniciar a sessão explicando e reforçando as regras do *brainstorming*;
7) estabelecer a ordem em que cada participante vai falar (um a um);
8) registrar ou gravar todas as contribuições (apoio administrativo);
9) encerrar a sessão após, aproximadamente, 30 minutos;

10) selecionar os participantes para o grupo de avaliação (geralmente três a cinco pessoas);
11) avaliar a lista de ideias (riscos) gerada, selecionando as melhores;
12) voltar com o resultado obtido para o grupo original, para reavaliar e gerar novas ideias;
13) entregar a lista final ao grupo de trabalho do projeto.

Ao final do processo, é possível organizar uma lista de riscos para o projeto, em função das contribuições coletadas na sessão. Segundo Salles Jr. et al. (2010:46),

uma técnica decorrente do *brainstorming* é o *brainwritting*. Com o mesmo objetivo, esta técnica gera ideias (riscos), por escrito, ao invés de ser por meio de debates. Ela compreende os seguintes passos:
i) cada participante anota os principais riscos numa folha, sob o seu ponto de vista;
ii) após um período de tempo combinado, as folhas são trocadas (no sentido horário, por exemplo) entre os participantes;
iii) repetimos o passo quantas vezes forem necessárias. Elabora-se uma lista de riscos do grupo;
iv) selecionamos os riscos que farão parte da lista final.

Em resumo, em um *brainstorming* ou em um *brainwritting* não se deve deixar dificultar o processo criativo, ou seja: "Não ao não". Além desta, não existe outra regra; todo processo criativo é anárquico por natureza.

O grande complicador dessas duas técnicas é que, para a realização da sessão de coleta de ideias, os participantes necessariamente precisam estar disponíveis fisicamente no mesmo ambiente, em um horário comum. Todos sabem a dificuldade de conseguir reunir grupos e conciliar horários – isso nem sempre é factível. E pode atrasar o processo de identificação de riscos. Além disso, mesmo com regras explicitamente claras, poderá haver inibição dos participantes, em especial no caso de mistura de níveis hierárquicos. Os limitantes expostos podem inviabilizar o uso das técnicas de *brainstorming* e *brainwritting*. A técnica Delphi é uma opção alternativa ao *brainstorming* ou mesmo uma opção complementar a ele, conforme veremos na sequência.

Técnica Delphi

A técnica Delphi é usada quando não há registro de dados históricos, não havendo necessidade da presença física dos participantes, já que pode ser realizado remotamente. Isso acelera e barateia o processo de coleta de informações. Além disso, a técnica Delphi minimiza as pressões sobre os participantes por preservar seu anonimato.

As características básicas da técnica Delphi são (Linstone e Turoff, 1975):

- anonimato dos participantes, o que reduz influências;
- interação de opiniões com *feedback* controlado, o que evita desvios;
- respostas estatísticas do grupo, respeitando o ponto de vista da maioria.

O passo a passo da técnica Delphi está a seguir descrito (Linstone e Turoff, 1975):

1) selecionar os participantes e distribuir informações sobre o projeto;
2) preparar um questionário voltado para identificação de riscos e distribuir ao grupo de participantes. Cada participante deverá responder o questionário, gerando sua lista de riscos;

3) analisar as respostas dos participantes, consolidando-as numa única lista de riscos identificados. Essa primeira consolidação é um trabalho cuidadoso, pois riscos iguais podem surgir, descritos de formas diferentes pelos participantes;
4) redistribuir aos participantes a lista de riscos consolidada para reavaliação, revisão e complementação (2º *round*). Este é o momento em que cada participante se inspira a partir dos riscos identificados por outros participantes;
5) recolher novamente a lista de riscos revisada pelos participantes individualmente;
6) realizar nova consolidação das respostas em uma única lista de riscos;
7) Realizar tantos *rounds* quanto forem necessários, até que se chegue a um consenso, isto é, até que uma nova rodada não traga mais nenhuma novidade relevante. Geralmente isso acontece em três ciclos (*rounds*).

Análise da causa raiz

Ferramentas usadas na análise da causa raiz de alguns problemas previstos podem nos ajudar a identificar a verdadeira origem do risco, ajudando-nos a complementar nossa lista de registro de riscos.

Algumas vezes, ao analisarmos uma situação de incerteza no projeto, identificamos os impactos causados sem que seja apontada a essência, ou seja, suas causas. Ao listar um provável impacto ao projeto em nosso registro de riscos sem agregar a esse registro sua causa raiz, cometemos um grande equívoco, já que estamos deixando de tratar a origem do problema.

A ferramenta mais usada na identificação de causas raízes é o diagrama espinha de peixe ou Ishikawa. Essa técnica permite estruturar as causas de determinado impacto ou problema, bem como seus efeitos sobre o projeto, facilitando, posteriormente, a proposta de respostas ou soluções.

O processo funciona da seguinte forma:

1) identificamos o impacto ou problema a ser analisado, colocando-o no final de uma flecha.
2) ao longo da flecha, inserimos ramificações com as principais causas do problema, causas primárias, colocadas sempre no final de flechas afluentes;
3) para cada causa primária, podemos identificar causas secundárias; para cada causa secundária, podemos identificar causas terciárias, e assim sucessivamente;
4) a identificação das causas pode ser feita usando entrevistas, técnicas de *brainstorming* e *brainswritting* e, até mesmo, técnica Delphi.

Para que seja possível abranger todos os aspectos envolvidos no processo produtivo do produto ou da parte do escopo do projeto envolvido no problema, sugere-se que sejam analisadas as causas raízes relativas ao método, à matéria-prima, à mão de obra e às máquinas utilizadas (4 M). Veja o diagrama causa raiz representado via diagrama espinha de peixe ou Ishikawa, na figura 7.

Figura 7
Diagrama espinha de peixe

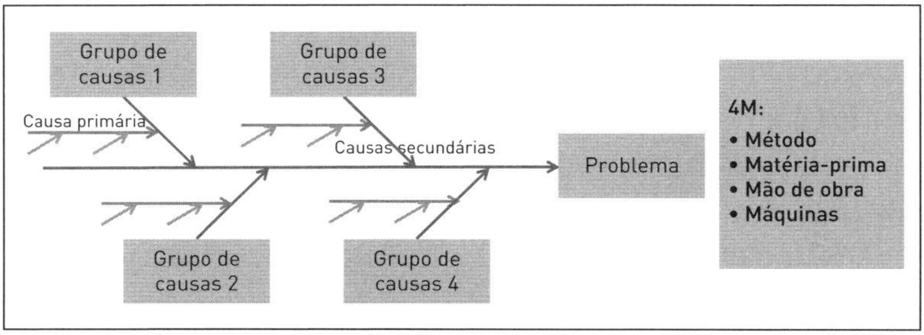

Análise SWOT

A análise SWOT é uma ferramenta usada para fazer análises estratégicas de cenários. Em um projeto, assim como em um negócio, é preciso entender o ambiente externo em que se estará inserido, bem como o alinhamento estratégico desse ambiente externo com o ambiente interno da organização. A técnica foi desenvolvida por Albert Humphrey, por meio de um projeto de pesquisa realizado na Universidade de Stanford, nas décadas de 1960 e 1970, usando dados de 500 corporações entre as maiores da época.

As incertezas envolvidas na análise de cenários provocam impactos ao projeto e precisam ser identificadas e inseridas em nossa lista ou registro de riscos. Para auxiliar no processo de identificação dos riscos do projeto, podemos realizar uma análise tanto pelo ponto de vista do ambiente interno à organização executora quanto pelo ponto de vista do ambiente externo a ela – trata-se de uma análise SWOT.

A sigla SWOT é um anagrama que se origina do idioma inglês e significa forças, fraquezas, oportunidades e ameaças (*strengths, weakness, opportunities* e *threats*). Vamos entender melhor o que cada um desses elementos representa:

- forças – vantagens competitivas internas à organização, quando comparada com suas concorrentes, tais como competências ou recursos diferenciados;
- fraquezas – desvantagens competitivas internas à organização, quando comparada com suas concorrentes, tais como possíveis deficiências prejudiciais;
- oportunidades – aspectos positivos do ambiente ou cenário, tais como tendências sociais, econômicas, comerciais, mercadológicas e políticas, com potencial de alavancar a vantagem competitiva da organização, bem como trazer consequências positivas para o projeto;

- ameaças – aspectos negativos do ambiente ou cenário, tais como tendências sociais, econômicas, comerciais, mercadológicas e políticas, com potencial de comprometer a vantagem competitiva da organização, trazendo consequências negativas para o projeto.

Conforme explanado, essa análise considera os dois cenários: ambiente interno (forças e fraquezas) e ambiente externo (oportunidades e ameaças). O ambiente interno pode ser controlado pelos gestores da organização, ressaltando e amplificando pontos fortes e minimizando e controlando pontos fracos. O ambiente externo está fora do controle da organização; portanto, é imprescindível conhecê-lo e monitorá-lo.

Explorados os ambientes interno e externo, devemos proceder à análise por meio da combinação entre as forças e fraquezas, oportunidades e ameaças, conforme ilustrado na figura 8.

Figura 8
Passo a passo da análise SWOT

Identificação de forças e fraquezas (ambiente interno) → Identificação de oportunidades e ameaças (ambiente externo) → Análises: Forças × ameaças Oportunidades × fraquezas

O modelo apresentado na figura 9 sugere uma associação entre os componentes do ambiente externo (ameaças e oportunidades) e as do ambiente interno (forças e fraquezas).

Sabemos que as forças e fraquezas do ambiente interno são fatos, contudo as oportunidades e ameaças do ambiente externo ao projeto são tendências e, portanto, envolvem incerteza.

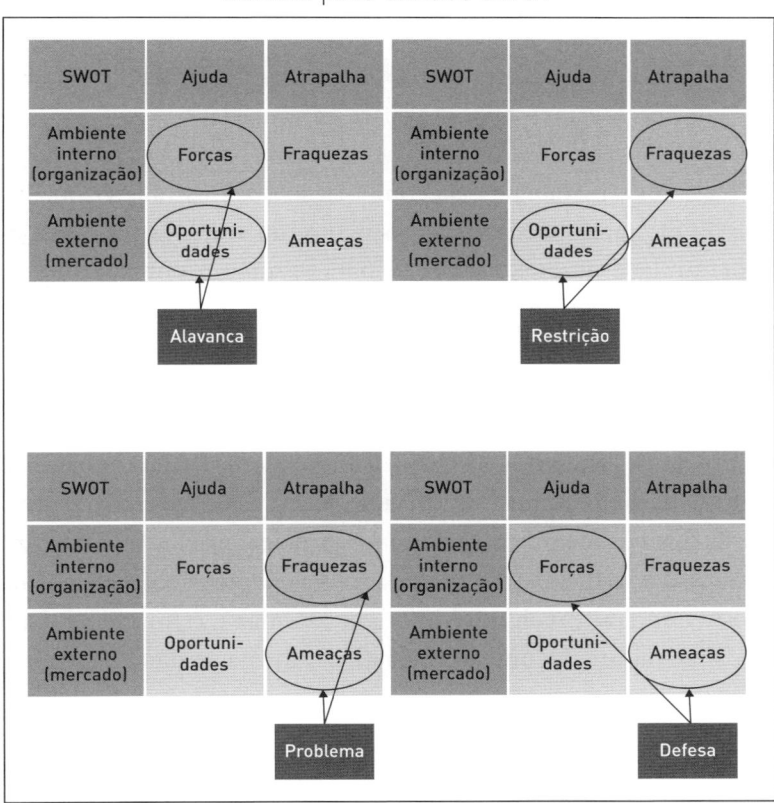

Figura 9
Modelo para análise SWOT

SWOT	Ajuda	Atrapalha	SWOT	Ajuda	Atrapalha
Ambiente interno (organização)	Forças	Fraquezas	Ambiente interno (organização)	Forças	Fraquezas
Ambiente externo (mercado)	Oportunidades	Ameaças	Ambiente externo (mercado)	Oportunidades	Ameaças

Alavanca — Restrição

SWOT	Ajuda	Atrapalha	SWOT	Ajuda	Atrapalha
Ambiente interno (organização)	Forças	Fraquezas	Ambiente interno (organização)	Forças	Fraquezas
Ambiente externo (mercado)	Oportunidades	Ameaças	Ambiente externo (mercado)	Oportunidades	Ameaças

Problema — Defesa

Conforme visto na figura 9, a combinação entre os elementos serve de ponto de partida para a análise do cenário e definição de estratégia:

- alavanca (força x oportunidade) – estamos prontos para capturar ou alavancar essas oportunidades;
- restrição (fraqueza x oportunidade) – não estamos prontos para capturar ou alavancar essas oportunidades;

- problema (fraqueza x ameaça) – nossos pontos fracos nos deixam vulneráveis a essa ameaça; não estamos prontos para enfrentá-la;
- defesa (força x ameaça) – nossos pontos fortes amenizam essa ameaça; estamos prontos para enfrentá-la.

Definida a estratégia pela combinação demonstrada via análise SWOT, vamos desenvolver os planos de ação para aproveitar oportunidades e repelir ameaças para as quais estamos prontos, bem como planos de ação ainda mais elaborados para aproveitar oportunidades e repelir ameaças para as quais ainda não estamos prontos. O desafio é identificarmos nossas fraquezas e transformá--las em nossas fortalezas.

Em suma, podemos dizer que já temos uma primeira lista ou registro de riscos identificados, com suas causas, seus efeitos e até mesmo data de identificação. Esse é o principal produto dessa etapa inicial. As ferramentas apresentadas nos ajudaram a obter uma lista mais completa. Precisamos agora consolidar e refinar essa lista de riscos em um documento formal, conforme veremos a seguir.

Lista ou registro de riscos

A lista de riscos é o ponto de partida para o gerenciamento de riscos em um projeto. Quanto mais completa, clara e concisa ela for, melhores os resultados obtidos nesse gerenciamento.

Além de clara e concisa, a lista de riscos deve evitar cuidar de dois aspectos principais, conforme sugerido por Salles Jr. et al. (2010:51):

- redação – evitar frases ou explanações longas e excessivas e evitar o uso de termos técnicos de difícil compreensão ou que possam gerar interpretações dúbias;

- qualidade das informações – cuidar para que a tradução de termos ou utilização de termos técnicos buscados em bancos de dados do setor (que não reflitam a linguagem da organização) não afete o entendimento das declarações de riscos.

A lista de riscos formaliza a data do registro e descreve os riscos identificados, suas causas raízes e o impacto esperado de cada um deles. As informações poderão ser organizadas em uma tabela conforme o exemplo do quadro 7.

Quadro 7
Exemplo de lista de riscos

#	Data	Evento identificado	Causa raiz	Impacto ou efeito
1	4 de setembro	Atraso nas escavações	Período de chuvas	Atraso no projeto
2	4 de setembro	Mão de obra escassa	Mercado aquecido	Elevação de salários
3	19 de setembro	Estafa e estresse da equipe	Exagero de horas extras trabalhadas	Ausência do trabalho por licença médica
4	21 de novembro	Possíveis mudanças nas leis de benefícios fiscais	Mudança dos líderes do governo	Redução de impostos

Os riscos não necessariamente precisam ser organizados em ordem cronológica, considerando as etapas do projeto, mas é importante inserir uma coluna com as informações sobre a data em que o risco foi identificado. Conforme vimos, o processo de identificação de riscos não é estanque, ou seja, é um processo interativo com os demais, desenvolvendo-se ao longo de todo o projeto. Tal acontece visto que alguns riscos poderão surgir ao longo da execução do projeto, assim como outros poderão surgir ao longo dos processos de planejar e responder aos riscos inicialmente identificados.

Em suma, a lista de riscos é um documento dinâmico (vivo) e poderá sofrer refinamentos, revisões e correções ao longo do ciclo de processos de gerenciamento de riscos e, portanto, ao longo das etapas do projeto em si.

Com a lista de riscos devidamente organizada, clara e facilmente compreensível, devemos partir para a última etapa da identificação de riscos: a categorização. Em outras palavras, vamos agora utilizar a estrutura analítica de riscos (EAR ou RBS – *risk breakdown structure*) vista anteriormente, como ponto de partida para a categoria de riscos.

Categorização de riscos

A categorização é uma forma de organizar os riscos identificados segundo as categorias definidas na EAR, promovendo o agrupamento dos riscos por afinidade ou tipo.

Por exemplo, poderíamos agrupar riscos que se originam de premissas assumidas, riscos vinculados a restrições impostas no quadro 4, riscos associados a entregas do projeto ou elementos da EAP etc.

Apresentamos um exemplo de EAR com agrupamento feito pelas categorias técnica, gerenciamento, comercial e externo. Podemos aproveitar categorias definidas em projetos anteriores como ponto de partida para a categorização de riscos do projeto atual. Nesse caso, seria necessário, apenas, um processo de refinamento e aprimoramento das categorias.

Se esse é seu primeiro projeto, certamente você terá um pouco mais de dificuldade em definir categorias. Nesse caso, procure identificar os riscos primeiramente e, só depois, definir as categorias.

Separar os riscos identificados em categorias por afinidade nos ajuda a pensar melhor a respeito deles. Categorias funcionam como filtros, instigando nossa reflexão para a identificação de riscos. Isso certamente irá facilitar as próximas etapas do gerenciamento de riscos, quando será preciso definir uma estratégia e um plano de respostas aos riscos, de acordo com a análise a ser realizada.

Uma dica é associar as categorias às causas raízes dos riscos e não aos seus efeitos. Lembre-se: uma mesma fonte de risco poderá provocar diversos efeitos! Além disso, associando as categorias às causas raízes, já estamos agrupando riscos que possivelmente serão abordados com a mesma estratégia de resposta.

Quanto mais adequada a categorização de riscos (preferencialmente segundo suas causas raízes), mais fácil será a identificação de responsáveis adequados a quem delegar cada grupamento de riscos. Por exemplo, riscos associados a acidentes de trabalho devem estar alocados à equipe ou ao profissional responsável por saúde e segurança do trabalho. Por outro lado, riscos associados a aprovações de agências regulamentadoras do setor ou órgãos públicos devem ser alocados aos responsáveis pelo relacionamento com essas instituições.

Não existe uma EAR única, fixa e válida para todo projeto, ainda que em uma mesma organização. As categorias serão influenciadas pelas características do projeto, pelo segmento de negócio, setor de atuação e, principalmente, pela cultura organizacional. Em uma mesma organização, diferentes tipos de controle associados a cada projeto poderão demandar diferentes categorias ou agrupamentos para os riscos. Contudo, o aprendizado acumulado em cada projeto nos leva a um resultado de melhoria contínua na obtenção de uma EAR verdadeiramente representativa. É como se, aos poucos, fôssemos capazes de desenvolver uma estrutura padrão de categorias para projetos de uma mesma natureza, facilitando o processo de identificação de riscos nos próximos projetos (Salles Jr. et al., 2010).

Salles Jr. et al. (2010) sugerem um fluxograma que sintetiza o passo a passo de identificação de riscos, incluindo a categorização de riscos identificados e a realimentação do banco de categorias previamente definido, com os resultados obtidos apresentados ao final do processo (figura 10).

Dessa forma, com a categorização e o refinamento da EAR concluídos, finalizamos o processo de identificação de riscos do projeto e podemos partir para as etapas seguintes. Como resultado final desse trabalho, teremos um registro com a lista de riscos identificados, a data da identificação dos riscos, a causa e os efeitos de cada risco e a categorização dos mesmos. Ainda nessa etapa, é possível determinar responsáveis pelos riscos identificados a serem confirmados nas próximas etapas do gerenciamento de riscos.

Figura 10
Passo a passo para identificação de riscos

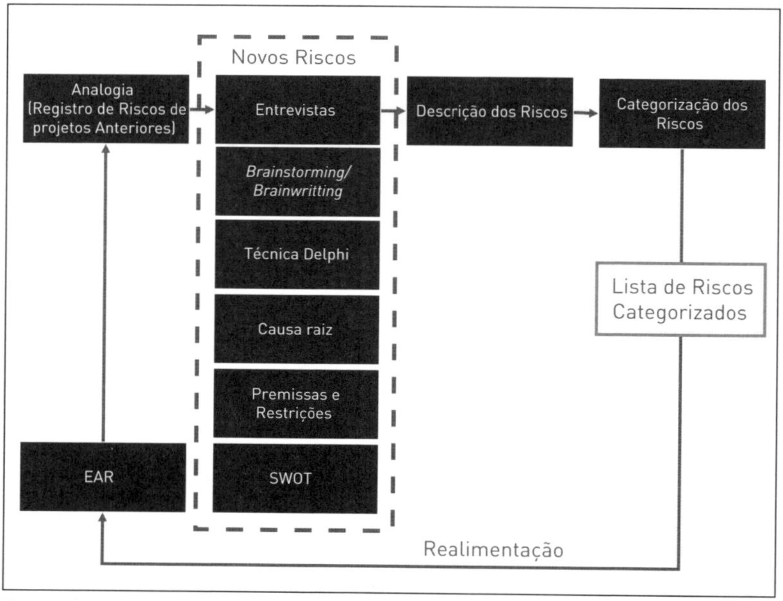

Fonte: adaptada de Salles Jr. et al. (2010:54).

* * *

Neste capítulo, exploramos os processos de planejamento do gerenciamento de riscos e de identificação dos riscos em projetos.

PLANEJAMENTO DO GERENCIAMENTO E IDENTIFICAÇÃO DE RISCOS EM PROJETOS

Para o processo de planejamento do gerenciamento de riscos, estabelecemos uma estrutura de categorias de riscos para ajudar no seu agrupamento e definimos escalas de probabilidade e impacto para a futura avaliação dos mesmos. Essas definições compõem os principais dados de entrada para a avaliação dos riscos identificados e para a determinação da estratégia para a resposta a eles.

Já para o processo de identificação de riscos, apresentamos técnicas específicas para a coleta de informações. Somente aqueles riscos que foram identificados, via lista de riscos, serão encaminhados para análise e posterior tratamento. Por fim, a categorização dos riscos foi apresentada como uma ferramenta para organização do material coletado.

Nos próximos capítulos, vamos conhecer os demais processos do gerenciamento de riscos, desde a avaliação qualitativa e quantitativa dos riscos identificados, passando pela identificação da estratégia e definição de ações de respostas aos riscos, implementação dessas ações de resposta até o monitoramento dessas ações.

3
Análise dos riscos em projetos

Neste capítulo, você verá como classificar a importância, ou seja, o peso de cada risco no projeto, de forma a poder tratar cada risco de modo diferenciado.

Uma vez tendo sido identificados os riscos do projeto em questão, a equipe, sob a liderança do gerente de projeto ou de alguém com delegação para tal, deve proceder à análise desses riscos, considerando que, invariavelmente, por mais que se invista na tentativa de antecipação do futuro, pela própria natureza conceitual de um projeto, não será possível garantir que todo e qualquer imprevisto deixe de ocorrer durante o gerenciamento. Essa afirmação pode parecer um tanto estoica, porém é fato que, por mais que a equipe de um projeto se dedique ao seu planejamento adequado e preciso, este será sempre moldado à luz do que há de ocorrer no futuro, o que limita o gerenciamento ao nível de informação disponível no momento.

Sendo assim, a prática atual recomenda a análise da probabilidade e do impacto de cada risco de projeto identificado, para que possamos priorizá-lo e tratá-lo de modo conveniente e adequado.

A análise de riscos abordada neste capítulo engloba os processos necessários para se analisar a severidade dos riscos identificados pela equipe de projeto, objetivando, em seguida, priorizá-los. Tais processos envolvem a análise qualitativa e quantitativa desses riscos, de modo a tornar clara, para o gerente de projeto e os *stakeholders*, a importância do tratamento prévio e da mitigação desses riscos, visando a que o projeto alcance seus objetivos de forma exitosa. A premissa básica a ser adotada é que devemos tentar conhecer os riscos associados à condução do projeto e deles nos precaver (incentivando-os, no caso de risco positivo).

Estaremos, portanto, seguindo os passos abaixo enumerados para a análise adequada dos riscos identificados no projeto.

1) Decisão da abordagem a ser utilizada: qualificação e/ou quantificação.
2) Qualificação:
   a) atribuição do grau de probabilidade da ocorrência dos riscos;
   b) atribuição do grau de impacto da ocorrência dos riscos;
   c) cálculo do determinante geral dos riscos do projeto;
   d) priorização dos riscos do projeto.
3) Quantificação:
   a) estimativa numérica da probabilidade de ocorrência dos riscos;
   b) determinação numérica do impacto oriundo da ocorrência dos riscos;
   c) cálculo do valor monetário esperado;
   d) priorização dos riscos;
   e) opção pela utilização de ferramentas avançadas: árvores de decisão e simulação de Monte Carlo.

Essas duas abordagens podem ser usadas individual ou concomitantemente: usamos a qualificação para fazer uma pré-seleção dos riscos importantes, para, depois, caso se queira dar prosseguimento mais aprofundado à análise, quantificarmos os riscos selecionados no processo de qualificação.

As informações geradas a partir da análise dos riscos priorizados fundamentarão o desenvolvimento da estratégia de respostas aos riscos apropriada ao caso específico, objetivando a redução do impacto negativo e o aumento potencial dos benefícios decorrentes dos riscos positivos (oportunidades) do projeto, como veremos no capítulo 4.

Iniciando a análise dos riscos

Como vimos, os componentes do risco são:

- causa raiz;
- seus efeitos sobre o projeto.

Todo risco tem uma probabilidade de ocorrência associada, a qual costuma ser computada no intervalo aberto de zero a um – não pode ser 0 (zero é a certeza da não ocorrência), nem pode ser 1 (isso implica a certeza absoluta da ocorrência do risco). Nos dois casos extremos mencionados, não estaremos diante de um risco, mas sim de certezas concretas.

Como dito, existem duas maneiras de se dar um peso ao risco: por meio da sua qualificação ou da sua quantificação, sendo essas duas formas não mutuamente excludentes, visto que podem ser usadas de modo complementar, como veremos a seguir.

Sem o peso de cada risco não temos como decidir adequadamente sobre que tipo de reação e resposta seria adequado a ele ou quanto estaríamos dispostos a pagar para tratá-lo, ou assumi-lo. Nós fazemos esse tipo de análise, por exemplo, quando decidimos colocar nosso carro no seguro. Quanto você pagaria pelo seguro anual de seu carro? A decisão, certamente, variará de pessoa para pessoa como vimos no capítulo 1, em função de características pessoais, mas certamente, no processo decisório, levaremos em consideração o valor do carro e os riscos associados ao uso do carro, por exemplo, a possibilidade de acidentes ou de roubo.

Os riscos de um projeto podem afetar drasticamente os resultados esperados (tempo, escopo, custo, qualidade, resultado financeiro etc.). Portanto, seus impactos precisam ser avaliados para que possamos evitá-los ou potencializá-los.

Nesse momento, você já aprendeu a identificar os riscos, já dispõe de uma lista dos riscos do projeto descritos corretamente e associados a suas causas e efeitos e já categorizou os riscos do projeto. Agora, deve analisá-los e priorizá-los.

A seguir veremos o processo para efetuar a análise dos riscos.

O processo de análise dos riscos

O processo de análise dos riscos deve ser feito por meio de uma reunião de grupo, a exemplo do processo de identificação e, preferencialmente, com o mesmo grupo. Para tanto, a participação de especialistas externos à equipe ou até externos à organização pode ser importante, principalmente se:

- a organização não tiver históricos de riscos de projetos anteriores;
- a equipe não tiver experiência prévia em análise de riscos.

Nessa reunião, a equipe deverá analisar, a partir da lista de riscos identificados e categorizados, a probabilidade e o impacto de cada risco, calculando seu peso ou grau de importância (a exposição do risco), de acordo com a abordagem escolhida, conforme mostrado a seguir:

- análise qualitativa, exclusivamente;

- análise qualitativa visando à priorização e pré-seleção do risco para, posteriormente, realizar a análise quantitativa de seus impactos;
- análise quantitativa dos impactos dos riscos.

Naturalmente, as referências históricas acumuladas ajudarão sobremaneira em qualquer uma dessas análises.

A correta descrição do evento de risco por meio da definição de suas causas e efeitos nos auxilia significativamente, pois ao definirmos a probabilidade faremos uso das causas do risco, e para definirmos o impacto olharemos para seus efeitos.

Na abordagem qualitativa, os parâmetros de probabilidade e impacto são expressos por um sistema de avaliação que faz uso de uma legenda proposta pela própria equipe do projeto, geralmente expressa em escala categórica ordinal, composta por adjetivos tais como:

- alto, médio ou baixo;
- muito alto, alto, médio, baixo ou muito baixo;
- vermelho, amarelo, verde.

Já numa abordagem quantitativa, os parâmetros de probabilidade e impacto serão expressos exclusivamente por meio de valores numéricos. Nessa abordagem, a probabilidade do risco será sempre um percentual expresso no intervalo contínuo de 0 a 1, que significará a chance da causa raiz de o risco vir a ocorrer. O efeito do risco e seu consequente impacto deverão ser medidos, por exemplo, em unidades monetárias ou em tempo de atraso.

Normalmente, as organizações demonstram relativa dificuldade ou desconforto em estimar a probabilidade e o impacto de forma quantitativa, em virtude da ausência de dados históricos, de experiências passadas, de referências tidas como *benchmarks* ou da não existência de especialistas com experiência em gerenciamento de riscos alocados à equipe do projeto. Dessa forma, é comum que as organizações sintam-se mais confortáveis em utilizar critérios qualitativos na condução da análise dos riscos de seus projetos. Qualificar é, geralmente, mais fácil e mais rápido do que quantificar riscos, embora seja menos informativo.

Devido a esse desconforto usual em lidar com a quantificação dos riscos, pode ocorrer de a equipe do projeto optar pela solução simplista de adicionar contingências padrão (10 a 15%) e inflar os custos e os prazos estimados, inflando, em decorrência, também o preço do projeto, no caso de ser um projeto para cliente externo.

Desse modo, jamais acumularemos experiência, dados históricos, cultura ou atitude ao lidar com as incertezas de um projeto. Temos de quebrar este círculo vicioso, ou seja: "Não fazemos o gerenciamento quantitativo de riscos porque não temos históricos, e não temos históricos porque não fazemos o gerenciamento quantitativos de riscos!".

Parâmetros básicos da análise de riscos de projetos, as avaliações da probabilidade e do impacto provocado pela ocorrência de riscos consolidam o nível de informação gerado e embasam as decisões posteriores de priorização e elaboração de planos de abordagem aos riscos. Tais estimativas devem, entretanto, ser precedidas do estabelecimento de diretrizes, padrões e métricas pertinentes, associados ao perfil característico de abordagem de riscos da organização. Ou seja, pressupõe-se que a organização investiu na definição de orientações estratégicas que servissem de norteadores para os gerentes de projetos conduzirem o gerenciamento dos riscos dos projetos sob sua responsabilidade.

Uma das formas de as organizações definirem os critérios de aceitação dos riscos com base em parâmetros de probabilidade e impacto é fazê-lo por meio de uma "grade de tolerância aos riscos" – característica do perfil definido por uma organização genérica –, na qual os eixos de probabilidade e impacto são mensurados via escala ordinal, demonstrando a predisposição e o perfil da organização para aceitar ou não riscos decorrentes de severidades diferentes, conforme demonstrado na figura 11, a seguir. Nesse caso, teríamos previamente estabelecido uma escala numérica para conversão da escala ordinal, de forma a possibilitar a geração de gráficos e pesos para os riscos. Por exemplo:

- probabilidade: muito alta (.9); alta (.7); moderada (.5); baixa (.3); muito baixa (.1);
- impacto: muito alto (.9); alto (.7); moderado (.5); baixo (.3); muito baixo (.1).

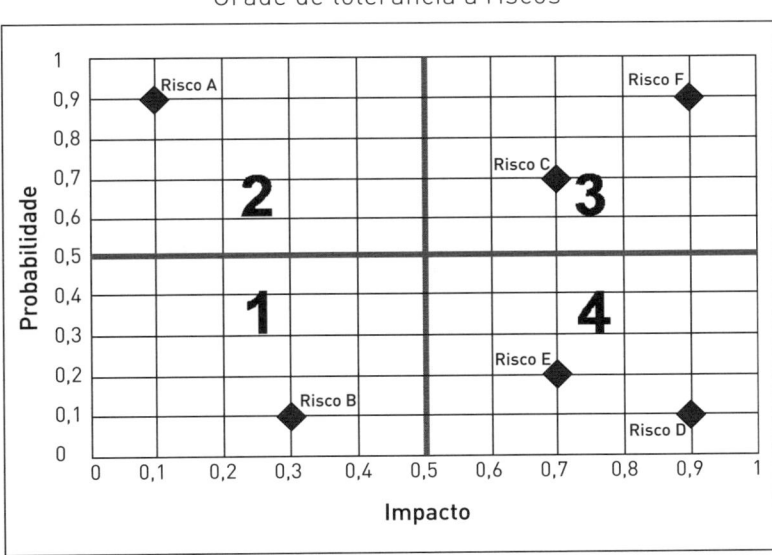

Figura 11
Grade de tolerância a riscos

No exemplo apresentado, podemos interpretar que os riscos localizados no quadrante 1 – risco B (baixa probabilidade e baixo impacto) – seriam aceitáveis para a organização, enquanto os riscos posicionados no quadrante 3 – riscos C e F (alta probabilidade e alto impacto) – seriam considerados inaceitáveis. Podemos definir, ainda, que os riscos localizados nos quadrantes 2 ou 4 – riscos A, D, E – necessitariam de propostas de estratégias de prevenção antes que pudessem ser aceitos pela organização. Adicionalmente, podemos considerar que o nível de risco aceitável para a organização dependerá do seu perfil de aversão a riscos (ou aceitação deles) e da importância de cada projeto, individualmente, para o portfólio estratégico da organização.

Outra forma de vermos o processo de seleção dos riscos a serem tratados é usar a mesma escala numérica num processo de multiplicação, calculando um grau de exposição para cada risco, como demonstrado na tabela 1.

Tabela 1
Grau de riscos qualificados

Probabilidade	Exposição ao risco				
	Impacto				
	0,1 (MB)	0,3 (B)	0,5 (M)	0,7 (A)	0,9 (MA)
0,9 (MA)	0,09	0,27	0,45	0,63	0,81
0,7 (A)	0,07	0,21	0,35	0,49	0,63
0,5 (M)	0,05	0,15	0,25	0,35	0,45
0,3 (B)	0,03	0,09	0,15	0,21	0,27
0,1 (MB)	0,01	0,03	0,05	0,07	0,09

Na tabela 1, a organização poderia definir que, por premissa, só trataria (ou se preocuparia) com os riscos cujo peso final (exposição ao risco) fosse maior do que 0,10. Dessa forma, todos os riscos qualificados como muito baixo, tanto para probabilidade quanto para impacto, além do risco de probabilidade e impacto baixos não seriam tratados (todos com resultantes menores do que 0,10). Além disso, essa tabela fornece uma visão dos riscos, permitindo que se visualize um peso (nem sempre preciso) para cada um deles, permitindo a comparação dos riscos entre si.

Nesse momento, o produto final da análise dos riscos é a lista de riscos do projeto, contemplando:

- riscos identificados e categorizados (produto do processo de identificação visto no capítulo 2);
- suas respectivas probabilidades e impactos, analisados e qualificados (produto do processo de análise dos riscos).

Há que se enfatizar que o fato de probabilidade e impacto serem avaliados de modo qualitativo ou quantitativo não significa que a análise dos riscos, como um todo, seja caracterizada como qualitativa ou quantitativa. Na abordagem qualitativa de riscos, estamos, na verdade, preocupados em qualificar a importância e a prioridade do risco (nível de exposição), enquanto na abordagem quantitativa de riscos estamos preocupados em calcular o efeito dos riscos nos resultados do projeto.

Vamos ver agora os processos de qualificação e de quantificação, entendendo os respectivos benefícios advindos de sua utilização.

Qualificação dos riscos em projetos

A abordagem qualitativa nos dá uma primeira dimensão do peso dos riscos e de sua importância em termos da magnitude de seu impacto sobre os parâmetros do projeto. Como já dito, geralmente classificamos as variáveis probabilidade e impacto em escalas ordinais, variando, por exemplo, de muito baixo até muito alto.

Para tal, podemos usar ferramentas computacionais que irão facilitar o trabalho que será conduzido pela equipe do projeto. O quadro 8 ilustra um exemplo de planilha de análise de risco adaptada ao processo de qualificação. Nele, são considerados, de forma simples, riscos com impactos em custo, cronograma, escopo e qualidade. A partir dos riscos listados, vamos analisá-los quanto à probabilidade e ao impacto, registrando nossa percepção do peso da variável na ferramenta. Notem que, ao registrar os pesos para o impacto, isso gera um índice de impacto geral para aquele risco.

Quadro 8
Planilha de análise qualitativa de risco

ANÁLISE DE RISCOS IDENTIFICAÇÃO DO PROJETO:										
Identificação de riscos		Avaliação qualitativa do risco								
Risco nº	Descrição do risco	Impacto					Probabilidade	Prioridade do risco		
		Custo	Cronograma	Escopo	Qualidade	Geral		Alta	Média	Baixa
1										
2										
3										
4										
5										
6										
7										
8										
9										
10										

Como dito, a organização que autoriza o projeto é que geralmente fornece os critérios de avaliação das probabilidades dos riscos identificados, os quais podem ser estimados segundo padrões qualitativos ordinais ou quantitativos. Cabe ainda à organização fornecer subsídios norteadores, de modo a que o nível de subjetividade intrínseco do trabalho possa ser mantido dentro de padrões adequados. De outro modo, o resultado da análise dos riscos estaria absolutamente associado à interpretação e análise próprias da equipe do projeto.

O quadro 9 ilustra a planilha de análise de risco apresentada no quadro 8 como padrão típico de uma organização, apresentando agora os níveis definidos de estimativas de probabilidade.

ANÁLISE DOS RISCOS EM PROJETOS

Quadro 9
Planilha de análise qualitativa de riscos
– escala de probabilidade

ANÁLISE DE RISCOS IDENTIFICAÇÃO DO PROJETO:									
Risco nº	Descrição do risco	Identificação de riscos				Avaliação qualitativa do risco			
		Impacto				Probabilidade	Prioridade do risco		
		Custo	Cronograma	Escopo	Qualidade	Geral		Alta	Média	Baixa
1										
2										
3										
4										
5										
6										
7										
8										
9										
10										

Probabilidade do risco se nenhuma ação for tomada
1. Muito improvável de acontecer (0,1)
2. Mais provável de não acontecer do que acontecer (0,3)
3. Probabilidade de acontecer ou não é igual (0,5)
4. Mais provável de acontecer do que de não acontecer (0,7)
5. Muito provável que ocorra (0,9)

No caso aqui ilustrado, as probabilidades dos riscos identificados seriam avaliadas de acordo com o critério definido no comentário colocado na célula no quadro 9. Notem que isso é apenas um exemplo, e que é a própria organização que deve definir os pesos.

Tal como adotado na estimativa de probabilidade, é a organização que autoriza o projeto que geralmente oferece os critérios de avaliação dos impactos dos riscos identificados, os quais também podem ser estimados segundo padrões qualitativos ordinais ou quantitativos.

O impacto é definido como o valor da consequência do risco sobre os objetivos do projeto – uma estimativa de perda ou ganho esperada se o risco vier a acontecer.

Entretanto, o parâmetro impacto do risco deve ainda ser avaliado segundo um critério adicional que aponta qual o objetivo do projeto que sofrerá as consequências da ocorrência do risco. Desse modo, recomendamos que essa avaliação seja feita à luz dos condicionantes típicos de sucesso de um projeto, ou seja, do impacto do risco sobre o escopo do projeto, seu cronograma, seu orçamento ou seu nível de qualidade.

Essa análise pode, no entanto, oferecer complicações decorrentes de vários fatores:

- os riscos podem interagir de modo inesperado;
- um único risco pode causar efeitos múltiplos;
- uma oportunidade para um *stakeholder* (por exemplo, custo reduzido) pode ser considerada uma ameaça para outro (por exemplo, lucro reduzido).

Retomando a planilha de análise de risco apresentada no quadro 8 como padrão típico de uma organização, destacamos no quadro 10, os critérios de avaliação do impacto de riscos sobre os condicionantes principais de sucesso de um projeto.

Quadro 10
Planilha de análise qualitativa de risco – Escalas de impacto

Impacto do risco no escopo do projeto
1. Impacto insignificante no escopo do projeto (0,1)
2. Poucos entregáveis impactados, sem efeito no aceite do projeto (0,3)
3. Alguns entregáveis impactados, perceptíveis no aceite do projeto (0,5)
4. Impacto muito significante para o cliente (0,7)
5. Inaceitável para o cliente (0,9)

Impacto do risco na qualidade do projeto
1. Impacto insignificante na qualidade do projeto (0,1)
2. Poucos entregáveis impactados, sem efeito no aceite do projeto (0,3)
3. Alguns entregáveis impactados, perceptíveis no aceite do projeto (0,5)
4. Impacto muito significante para o cliente (0,7)
5. Inaceitável para o cliente (0,9)

Impacto do risco no custo do projeto
1. Aumento insignificante no custo (0,1)
2. Aumento no custo de menos do que $1K por dia (0,3)
3. Aumento no custo de $1K a $5K por dia (0,5)
4. Aumento no custo de $5K a $10K por dia (0,7)
5. Aumento de mais de $10K por dia (0,9)

Impacto do risco no cronograma do projeto
1. Atraso insignificante no cronograma (0,1)
2. Atraso de menos de 1 dia no cronograma (0,3)
3. Atraso de 1 a 5 dias no cronograma (0,5)
4. Atraso de 5 a 10 dias no cronograma (0,7)
5. Atraso maior que 10 dias no cronograma (0,9)

No caso aqui ilustrado, os graus atribuídos ao impacto da ocorrência de riscos nos projetos estão especificados no próprio quadro 10. Ressalte-se que, no caso do impacto no custo, o grau pode ser atribuído tanto a partir de valores monetários quanto em percentuais sobre o valor total do projeto. Em geral, o impacto total resultante da ocorrência de riscos para o projeto é considerado como o de maior valor dos pesos atribuídos para cada um dos condicionantes principais de sucesso (custo, cronograma, escopo e qualidade). Por exemplo, se um risco é definido de baixo impacto para o custo, cronograma e escopo, mas foi considerado de alto impacto para a qualidade do projeto, o risco será considerado de alto impacto. O quadro 11 ilustra a combinação dos diferentes tipos de impactos de riscos na planilha típica de análise de risco.

Quadro 11
Planilha de análise qualitativa de risco – Impacto

ANÁLISE DE RISCOS IDENTIFICAÇÃO DO PROJETO:							Impacto consolidado do risco do projeto:			
Identificação de riscos		Impacto					Avaliação Qualitativa do risco			
Risco Nº	Descrição do risco	Custo	Cronograma	Escopo	Qualidade	Geral	Probabilidade	Impacto x Probabilidade	Prioridade do risco		
									Alta	Méd.	Baixa
1	Ocorrência de chuvas	0,5	0,7	0,3	0,1	0,7	0,3	0,21			
2	Falta de material por escassez	0,3	0,5	0,1	0,7	0,7	0,7	0,49			
3	Paralisação da obra	0,9	0,9	0,1	0,1	0,9	0,3	0,27			
							SOMA RISCO GERAL	0,97 39,92%			

Os dados de probabilidade e impacto devem ser combinados de modo a se estabelecer uma avaliação geral do peso de cada risco, multiplicando-se o impacto geral pela probabilidade e somando-se os resultados individuais dos riscos do projeto. Essa avaliação costuma resultar na determinação de um valor representativo geral dos riscos do projeto, que complementa as informações para a tomada de decisão de aceitação do projeto pós-planejamento detalhado.

De um modo geral, o risco geral do projeto é uma média ponderada da importância dos riscos a que esse projeto está sujeito, ou seja, é uma média ponderada das multiplicações de probabilidade e impacto de todos os riscos pertinentes identificados. O cálculo do risco geral do projeto é feito por meio do somatório dos resultados individuais de probabilidade × impacto de todos os riscos identificados, normalizada pelo máximo valor possível desse somatório, isto é, se o máximo valor que a probabilidade de um risco individual qualquer pode assumir é igual a 0,9 e o máximo valor que o impacto desse mesmo risco pode assumir é igual a 0,9, então, o máximo valor que a multiplicação de probabilidade por impacto desse risco individual pode assumir é igual a 0,81. Sendo assim, o risco geral do projeto é calculado pela fórmula apresentada abaixo:

$$RISCO\ GERAL = \frac{\sum_{j=1}^{n}\left(I_j \cdot P_j\right)}{n(0,81)}$$

Onde:
I_j = impacto do risco j;
P_j = probabilidade de ocorrência do risco j;
n = número de riscos considerados.

O quadro 12, planilha de análise qualitativa de risco, ilustra o cálculo do determinante geral de riscos do projeto, por meio da aplicação da fórmula citada.

Quadro 12
Planilha de análise qualitativa de risco – resultante do impacto: planilha de análise qualitativa de risco – risco geral

ANÁLISE DE RISCOS IDENTIFICAÇÃO DO PROJETO:									Determinante geral de risco do projeto:		
Identificação de riscos			Avaliação qualitativa do risco								
Risco Nº	Descrição do risco		Impacto				Probabilidade	Impacto x Probabilid	Prioridade do risco		
		Custo	Cronograma	Escopo	Qualidade	Geral			Alta	Méd.	Baixa
1	Ocorrência de chuvas	0,5	0,7	0,3	0,1	0,7	0,3	0,21			
2	Falta de material por escassez	0,3	0,5	0,1	0,7	0,7	0,7	0,49			
3	Paralisação da obra	0,9	0,9	0,1	0,1	0,9	0,3	0,27			
						SOMA		0,97			
						RISCO GERAL		39,92%			

Seguindo adiante no cálculo do risco geral do projeto, um fator de peso poderia ter sido aplicado entre os condicionantes principais do sucesso (custo, cronograma, escopo e qualidade), de modo a fornecer uma visão mais adaptada ao perfil de riscos e à importância dada a cada um dos condicionantes para o sucesso do projeto. Por exemplo, imagine um projeto de lançamento de um novo produto no mercado, que deverá estar nas lojas para aproveitar as vendas no Natal. Nesse caso, qualquer risco que venha a prejudicar o cronograma e que implique o atraso do projeto poderá colocar em risco o próprio projeto, considerando que, fora do período do Natal, o produto não teria um apelo de mercado adequado. Sendo assim, a organização tenderia a dar um peso maior aos riscos que impactassem mais o condicionante cronograma do que os demais.

Quantificação dos riscos em projetos

Foi dito, anteriormente, que a análise qualitativa dos riscos oferece benefícios consideráveis no entendimento do projeto e de suas incertezas futuras, se comparada com não fazer o gerenciamento dos riscos.

Adicionalmente, a análise quantitativa dos riscos fornece informações mais precisas para a avaliação adequada dos riscos no projeto. Além disso, as decisões de maior impacto para o projeto costumam ser tomadas logo no início de seu ciclo de vida, durante sua concepção. Assim, a despeito das dificuldades encontradas na materialização dessa análise, estimativas as mais precisas e o mais cedo possível são consideradas fundamentais.

Como vimos, devemos aqui dimensionar a probabilidade e o impacto de cada risco. A probabilidade será sempre um percentual, e o impacto poderá ser medido em termos de diversas unidades, tais como custo adicional ou dias de atraso no cronograma.

Como uma forma de entendermos a importância da quantificação, tomemos uma declaração de Lord Kelvin, físico e matemático escocês (Bernstein, 1997:218), em torno de 1880:

Quando se pode medir um elemento sob análise e expressar este elemento em números, é possível demonstrar algum conhecimento sobre o elemento. Mas quando não se pode medir o elemento sob análise, nem expressar suas propriedades em termos numéricos, o conhecimento sobre ele é reduzido e insatisfatório: este pode ser o início de algum conhecimento, mas ainda está muito distante do estágio de ciência. Porém diferentes unidades de impacto tornam difícil, se não impossível, a comparação dos riscos de categorias diferentes entre si. Os riscos são do projeto, e devemos gerenciá-los, independentemente de a que categorias pertencem. Portanto, devemos levar todos os impactos para a mesma unidade, de forma a podermos comparar os riscos entre si. A única unidade comum a todos os riscos, supostamente, é a financeira. Podemos transformar qualquer unidade de efeito em dinheiro. Isto fará com que possamos comparar os riscos entre si.

Entretanto, quando formos quantificar os riscos, veremos que não há muita dificuldade para estimarmos o impacto quantitativo monetário deles. Este será, em sua grande maioria, um valor que guarda certa relação com o valor total do projeto. Exemplificando:

- o risco poderá disparar o gatilho de uma multa contratual;
- o risco poderá fazer com que tenhamos de trabalhar mais x% com relação ao prazo original do projeto;
- o risco poderá implicar a modificação de y% no escopo do projeto, o que provocará um impacto no prazo;
- o risco poderá causar um impacto ambiental cujo custo de recuperação ou o valor de uma multa é de R$ z etc.

ANÁLISE DOS RISCOS EM PROJETOS

Nossa maior insegurança residirá na estimativa da probabilidade, pois isso nós nunca fizemos antes. Nunca paramos para pensar, de forma concreta, nas incertezas. Mesmo que não tenhamos históricos de projetos anteriores ou possibilidade de usar a analogia externa, ainda assim devemos fazer uma estimativa da probabilidade, de forma a podermos iniciar o processo de análise e de geração da base histórica. É melhor estimarmos de forma pouco precisa do que não estimarmos. Aqui, podemos usar técnicas de dinâmica de grupo, visando pegar diversas experiências, ou até usar especialistas para nos apoiar nesse processo.

Tomemos como exemplo, novamente, uma seguradora. Vamos imaginar que acabou de ser lançado um novo modelo de carro no Brasil. Se o modelo é novo, não tem histórico. Isso significa que a seguradora não fará o seguro do seu carro porque não tem dados históricos? É óbvio que não! A seguradora toma o histórico de outro carro de mesmas características desse novo modelo como base, provavelmente aplica um fator de correção e determina o prêmio do seguro do seu novo carro. A partir de então, a seguradora passa a acompanhar o histórico de comportamento desse modelo de carro, gerando sua base de dados. Imaginemos que, nos meses seguintes, a seguradora identifique que o carro teve um desempenho de risco real maior do que o estimado anteriormente. Nesse momento, ela ajusta o valor do prêmio para os próximos carros a serem segurados. Isso porque, para a seguradora, não importa muito o risco de um único carro – ela gerencia o risco da carteira de carros!

Ao estimarmos a probabilidade e o impacto para cada risco, calculamos uma medida da exposição do risco chamada de valor esperado ou valor monetário esperado (*EMV – expected monetary value*):

$$\text{Valor esperado} = \text{probabilidade} \times \text{impacto}$$

O nome está dizendo: valor esperado é o que se espera que aconteça, em conceito estatístico e não, necessariamente, o que vai de fato acontecer. Esse conceito é o mesmo de exposição ao risco (ER), apresentado não capítulo 1.

Se há uma probabilidade e um impacto para cada risco, podemos calcular um valor esperado para cada risco. E o risco total do projeto será a soma algébrica dos valores esperados de todos os riscos identificados e priorizados.

Como é que a seguradora calcula o prêmio de um seguro? Como um banco calcula a taxa de juros que você deve pagar em um empréstimo? Sempre por meio do valor esperado!

Imaginemos que você comprou um carro no valor de R$ 50.000,00 e vai colocá-lo no seguro. Imaginemos que se trata apenas de um seguro contra roubo – apenas para facilitar o entendimento, pois, associado ao "uso do carro", podemos conceber vários riscos potenciais e o risco total associado seria a soma algébrica dos valores esperados de todos os riscos identificados.

Ao colocar seu carro no seguro, você provavelmente respondeu a um questionário, no qual a seguradora ia avaliando sua taxa de risco ao perguntar: quantos quilômetros você roda por mês, quantas pessoas dirigem o carro, se você tem filho adolescente que dirige o carro, se o carro pernoita em garagem etc. Isso mostra que seu carro tem vários riscos associados ao uso. Vamos considerar apenas o risco de roubo, para efeito de entendimento da mecânica de funcionamento da análise dos riscos, e que a taxa histórica de roubo de carros iguais ao seu, na sua cidade, seja, por exemplo, de 2%.

Portanto, o valor esperado será 2% × R$ 50.000,00 = R$ 1.000,00. Esse valor é o que a seguradora espera desembolsar por carro segurado. Portanto, se a seguradora lhe cobrar R$ 1.000,00 de prêmio, ela não estará ganhando nada! Então, a seguradora coloca um valor extra em cima do valor esperado (digamos 200%), e lhe cobra de prêmio pelo seguro, R$ 3.000,00. Esse valor extra contempla todos

ANÁLISE DOS RISCOS EM PROJETOS

os custos operacionais da seguradora, a comissão paga aos corretores, a margem da seguradora e toda a estrutura de impostos.

Ao olhar para essa conta, a seguradora não tem como garantir que a probabilidade será realmente de 2%, pois está segurando apenas um carro. Para poder garantir que a probabilidade seja a mais próxima possível da existente nos registros históricos, é necessário aumentar a amostra, ou seja, a quantidade de carros segurados. Quando fazemos isso, estamos usando conceitos estatísticos e nos aproximando da média – utilizando a lei dos grandes números. A seguradora nada mais é do que uma aglutinadora de volume, de forma a, pelo volume, "garantir" a probabilidade usada para o cálculo da exposição ao risco ou valor esperado. O projeto "carro" tem vários riscos associados, e o prêmio pago pelo seguro do carro contempla o somatório do valor esperado de cada um dos riscos mais o valor extra, como explicado.

Essa simples conta explica várias importantes decisões.

1. Explica por que nós fazemos o seguro de nosso carro. Afinal, nós não temos volume e, portanto, não temos como garantir a probabilidade histórica. Para muitas pessoas, a probabilidade de roubo, no caso de um único carro, é de zero ou 100%. Porém isso é um erro matemático, pois a exposição ao risco realmente é influenciada pela probabilidade histórica, ou seja, baseada no valor esperado. E nós, erradamente, tomamos a decisão baseados apenas no impacto total. Porém, se você não tiver problema quanto ao valor total do impacto, provavelmente não fará o seguro. Um exemplo disso é que da frota brasileira de carros de alto luxo (tipo Mercedes), apenas em torno de 3% estão no seguro.

2. Explica, também, por que a seguradora faz seguros, pois, ao aglutinar volume, a probabilidade se aproxima da média, reduzindo o desvio padrão.

3. Explica por que organizações que possuem grandes frotas (por exemplo, locadoras de automóveis) não têm nenhum de seus carros no seguro. Se a exposição total é igual ao valor esperado, por que eu devo pagar o extra da seguradora? A locadora cobra o seguro do locatário, mas não o repassa para a seguradora. Afinal, ela, locadora, também é uma aglutinadora de volume e, neste caso, por que pagar o extra da seguradora?

O valor esperado dos riscos do projeto será o somatório dos valores esperados de todos os riscos, isto é, valor esperado dos riscos do projeto = a valores esperados de todos os riscos.

Neste momento, para podermos fazer a análise, precisamos de mais um valor – o valor-base. O valor base é o último valor que temos, antes de iniciar o processo de gerenciamento de riscos. É o valor que temos para o projeto sem considerar os riscos. Já calculamos todo o projeto, já temos o escopo, o cronograma e o custo ou resultado projetado; portanto, já temos o valor base.

O valor esperado (VE) do projeto será o valor base mais o somatório dos valores esperados dos riscos do projeto, sejam eles ameaças e/ou oportunidades, ou seja:

$$\text{VE do projeto} = \text{valor base} \pm \Sigma \text{ VE das ameaças} \pm \Sigma \text{ VE das oportunidades}$$

Esses valores são fundamentais, porém não suficientes. Precisamos de mais dois valores:

- pior caso – consideramos que todos os riscos de ameaça poderiam se materializar pelo total e nenhum risco de oportunidade se materializaria:

$$\text{Valor do pior caso} = \text{valor base} + \Sigma \text{ impacto dos riscos de ameaça}$$

ANÁLISE DOS RISCOS EM PROJETOS

- melhor caso – consideramos que todos os riscos de oportunidade poderiam se materializar pelo total e nenhum risco de ameaça se materializaria:

Valor do melhor caso = valor base + Σ impacto dos riscos de oportunidade

Exemplificando, imaginemos um projeto de valor-base de R$ 300.000,00 que tenha cinco riscos, sendo quatro de ameaça e um de oportunidade, como apresentado no quadro 13.

Quadro 13
Quantificação dos riscos

Nº	Data identif.	Categoria	Evento de ameaça (descrição do risco)	Probabilidade (%)	Impacto (input)	Valor esperado
1	15/12/2005	Escopo	Informações incompletas e/ou incorretas sobre a representatividade das localidades cobertas podem impactar na definição do escopo do trabalho, resultando em cobertura abaixo do exigido pela legislação.	10%	$112.500	$11.250
2	15/12/2005	RH	Seleção incorreta da equipe pode acarretar falta de experiência neste tipo de projeto, resultando em qualidade do serviço abaixo do esperado pelo cliente.	30%	$90.000	$27.000
3	15/12/2005	Cliente	Se os representantes do cliente não estiverem disponíveis para atender à equipe do projeto, o cronograma pode ser afetado, resultando em insatisfação do cliente quanto ao cumprimento dos prazos estabelecidos.	20%	$45.000	$9.000
4	15/12/2005	Orçamento	Se o cliente se recusar a pagar *overrun*, mesmo que seja causado por ele próprio, podemos ter impacto na rentabilidade do projeto.	40%	$45.000	$18.000
					VALOR ESPERADO DO PROJETO:	**$62.500**

Nº	Data identif.	Categoria	Evento de ameaça (descrição do risco)	Probabilidade (%)	Impacto (input)	Valor esperado
1	15/12/2005	Qualidade	Cumprimento da metodologia e a qualidade do trabalho podem acarretar identificação de riscos associados ao negócio do cliente, resultando em novas oportunidades de oferecimento de serviços ao cliente.	20%	$112.500	$22.500
					VALOR ESPERADO DO PROJETO:	**$22.500**

Com base nos valores apresentados no quadro 13, teremos os cálculos a seguir:

- pior caso = R$ 300.000 + R$ (112.500 + 90.000 + 45.000 + 45.000) = R$ 592.500.
- melhor caso = R$ 300.000 − R$ 112.500 = R$ 187.500.
- valor esperado = R$ 300.000 + R$ 62.500 − R$ 22.500 = R$ 340.000.

A figura 12 ilustra esses resultados.

Figura 12
Valores esperados do projeto

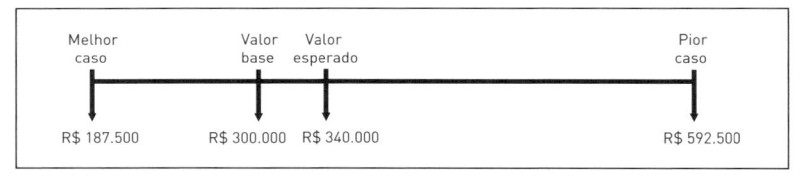

Melhor caso	Valor base	Valor esperado	Pior caso
R$ 187.500	R$ 300.000	R$ 340.000	R$ 592.500

Agora, nossa análise do projeto tem um nível de precisão que nunca tivemos antes! Sabemos que o nosso valor base é de R$ 300.000,00; sabemos que ao aplicarmos o valor esperado dos riscos, nosso valor esperado do projeto vai para R$ 340.000,00; sabemos que, na pior das hipóteses, se tudo de ruim acontecer, teremos o pior caso de R$ 592.500,00, e no melhor caso, R$ 187.500,00, se tudo de bom acontecer.

Lembre-se de que se não fizéssemos o gerenciamento dos riscos do projeto, teríamos apenas o valor base original. Agora, nosso processo decisório fica muito mais apurado, pois sabemos o tamanho das incertezas que podem impactar o valor do projeto. É esperado que o valor do projeto seja de R$ 340.000,00, ou seja 11,33% acima do valor base. O pior caso pode aumentar o valor base em 97,5%, e o melhor caso pode reduzi-lo em 37,5%.

Com variações dessa monta, começa a ficar claro para nós por que pesquisas recentes continuam apontando estouros em prazos e custos dos projetos, apesar da notória evolução que o gerenciamento de projetos vem demonstrando (Sauser, Reilly e Shenhar, 2009).

De posse destes quatro valores apresentados no quadro 13 e na figura 12, agora podemos tomar a decisão de negócio sobre o projeto, considerando nossa característica pessoal ou cultura organizacional e como nos relacionamos com situações de incerteza.

- Se não gostamos de correr riscos, em nenhuma hipótese, e não admitimos discutir os riscos com o cliente, nosso preço para o projeto deve ser próximo ao pior caso;
- Se não gostamos de correr riscos e acreditamos em nossas estimativas, e ainda assim não admitimos discutir os riscos com o cliente, o nosso preço para o projeto deve ser próximo ao valor esperado;
- Se não queremos assumir o papel de uma seguradora e não vamos assumir os riscos do projeto, nosso preço deve ser próximo ao valor base. Neste caso, ainda devemos informar ao cliente a relação dos riscos e o consequente tamanho da exposição dele, que pode significar aumento esperado de custos de R$ 42.750,00, podendo chegar, no pior caso, a R$ 292.500,00. Isso visa garantir que o projeto não será suspenso por falta de verbas;
- Finalmente, se admitimos a probabilidade de risco positivo, ganhamos vantagem comercial na negociação com o cliente, já que esse risco pode ser usado como um diferencial nessa negociação.

Essas alternativas de decisão comprovam que o gerenciamento de riscos não é uma disciplina determinística. Pessoas diferentes tomarão decisões diferentes, com base nos mesmos números, como foi visto no capítulo 1. O gerenciamento dos riscos não toma as decisões por nós; ele apenas nos dá um conjunto de informações que melhorarão substancialmente nosso processo decisório. A decisão é e sempre será gerencial, e quanto melhores as informações disponíveis, melhor potencialmente será a decisão.

Toda a análise feita com relação aos valores esperados foi feita considerando-se que o valor base é o somatório dos custos fixos, variáveis e despesas de um projeto. Nesse caso, as ameaças aumentarão o custo do projeto e, consequentemente, os custos totais. Por outro lado, as oportunidades reduzirão os custos e, consequentemente, o custo total. Podemos denominar essa situação "foco de análise em custos", conforme a figura 13, que demonstra a forma de calcular o valor base de um projeto cujo foco é custos.

Mesmo quando o caso é de uma proposta com preço fechado para um cliente e, consequentemente, contempla também o lucro ou margem do fornecedor, ainda assim o foco de análise é custos, pois a análise se faz pelo ponto de vista de quem paga, ou seja, o cliente, e nesse caso a margem ou lucro do fornecedor é custo para o cliente.

Figura 13
Valor base com foco de análise de custo

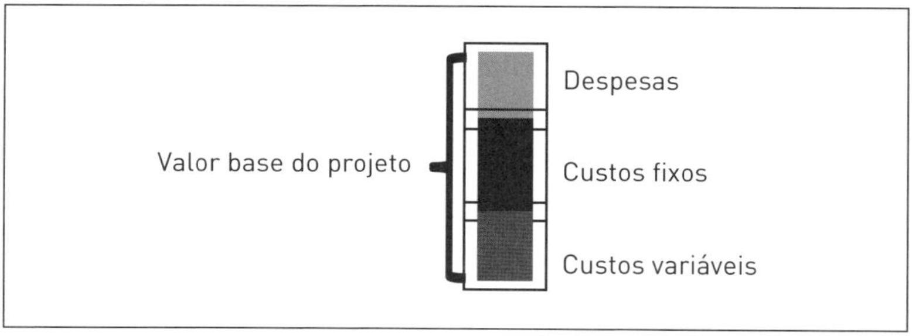

No entanto, há projetos em que a análise é feita considerando-se não apenas o custo, mas sim o resultado financeiro a ser atingido, por exemplo, um plano de negócio ou um projeto de concessão. Nesse caso, nossa análise muda, pois os sinais dos riscos se inverterão, isto é, as ameaças irão reduzir o resultado do projeto, e as oportunidades o aumentarão. Esse resultado é a diferença entre tudo o que esperamos faturar e o que devemos gastar ao longo do projeto e representa o valor base do projeto cujo foco é resultado, conforme a figura 14.

A decisão de qual é o foco de análise deve ser feita olhando-se para o valor base e identificando o que ele contempla, além de olharmos para a característica de nosso projeto.

O foco de análise com base no resultado deve ser considerado quando estamos fazendo um plano de negócios, um projeto de concessão ou o projeto é nosso, e estamos com o valor base contemplando o montante do resultado ou lucro, como se vê na figura 14. Apenas nesse caso.

A decisão de qual será o foco de análise tem de ser tomada antes de calcularmos os valores esperados do projeto, pois como a decisão vai impactar os sinais dos riscos, e o valor base sempre é conhecido ao iniciarmos o gerenciamento dos riscos, os valores podem ficar completamente diferentes.

Figura 14
Valor base com foco de análise de resultado

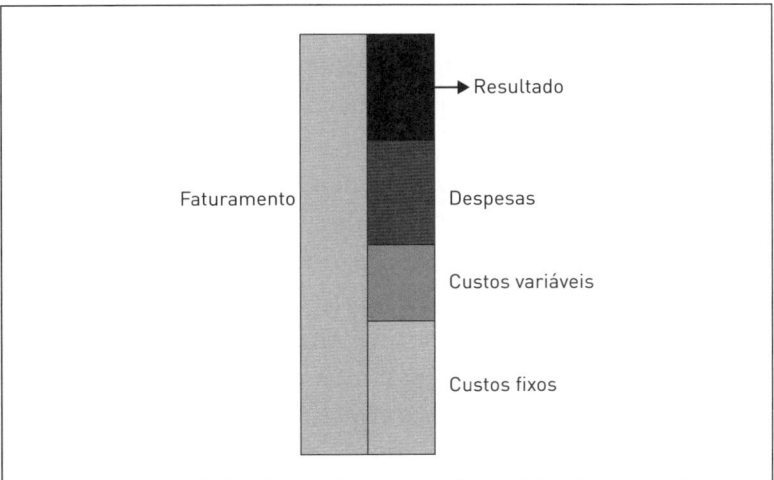

No mesmo exemplo apresentado no quadro 13 e na figura 12, se o foco de análise fosse resultado (ou seja, o valor base fosse o lucro ou resultado financeiro final do projeto), os valores seriam os explicitados como na figura 15.

- pior caso = R$ 300.000 − R$ (112.500 + 90.000 + 45.000 + 45.000) = R$ 7.500;
- melhor caso = R$ 300.000 + R$ 112.500 = R$ 412.500;
- valor esperado = R$ 300.000 − R$ 65.250 + R$ 22.500 = R$ 257.250.

Figura 15
Valores esperados do projeto – foco resultado

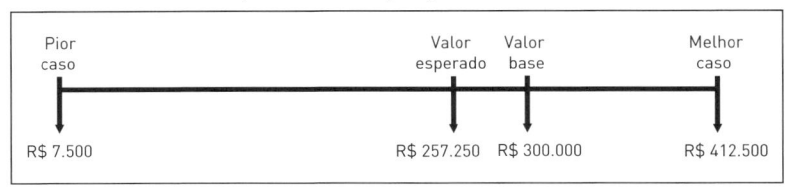

Pior caso	Valor esperado	Valor base	Melhor caso
R$ 7.500	R$ 257.250	R$ 300.000	R$ 412.500

Notem que no caso do exemplo com foco de análise de custos, o pior caso é o de maior valor (maior custo) e o melhor caso é o de menor valor (menor custo). Porém quando o foco de análise é resultado, o pior caso é o menor valor (menor resultado) e o melhor caso é o maior valor (maior resultado). O valor esperado do projeto poderá flutuar entre os casos extremos (pior e melhor), podendo ficar, em qualquer dos focos de análise, abaixo ou acima do valor base, dependendo exclusivamente de você ter mais riscos de ameaça do que de oportunidade ou vice-versa.

Analisamos as características da qualificação e da quantificação dos riscos em projetos, mas fica a pergunta: Qual das duas abordagens (ou três, se considerarmos o uso da qualificação e da quantificação) é mais vantajosa para o projeto?

Priorização dos riscos em projetos

A priorização dos riscos nos permite focar nossos esforços nos riscos de maior peso para o projeto, ou melhor, naqueles com maior potencial de causar danos ao projeto ou de gerar maiores oportunidades.

A priorização dos riscos pode ser feita de várias maneiras, como apresentado abaixo, de forma isolada ou em conjunto:

- por meio da ferramenta de análise comparativa dos riscos;
- por meio da resultante do risco na qualificação ou valor esperado/impacto;
- por meio do cálculo da urgência do risco.

Priorização por análise comparativa dos riscos

Na priorização por análise comparativa dos riscos, a premissa é que compararemos a descrição textual dos riscos, dois a dois, identificando, entre os dois comparados, qual o mais importante.

Devemos desenvolver esse trabalho em equipe, quando distribuiremos os formulários de avaliação dos riscos para os participantes. Cada um fará sua avaliação, comparando os riscos pela sua descrição textual, e na célula de interseção colocará o número do risco que acha mais importante, repetindo esse procedimento para todos os riscos do projeto. Depois disso, procederemos a uma consolidação das opiniões individuais, gerando um formulário único, conforme a figura 16. Neste, o número de ocorrências onde cada risco foi selecionado como o mais importante nas comparações dois a dois (coluna #) gera a priorização dos riscos (coluna prioridade).

Figura 16
Formulário de priorização por classificação
comparativa de riscos

Riscos – Ameaças													#	Prioridade
1	Risco 1	1											4	2
2	Risco 2	1	2										3	4
3	Risco 3	1	2	3									0	7
4	Risco 4	1	4	4	4								3	4
5	Risco 5	5	5	5	5	5							6	1
6	Risco 6	1	2	6	4	5	6						1	6
7	Risco 7	7	2	7	7	5	7	7					4	2

Neste exemplo, o risco considerado o mais importante foi o risco número 5, que apresentou seis ocorrências como o mais importante no processo de avaliação dois a dois, seguido dos riscos 1 e 7, com quatro ocorrências cada. Lembramos que, se tivermos um projeto com muitos riscos (digamos, na ordem de centenas, o que não é incomum), essa priorização por análise comparativa será totalmente inviável de ser feita, em função do elevadíssimo número de interações de comparação dos riscos 2 a 2 – matematicamente, essa abordagem leva a N(N-1)/2 comparações, sendo N o número de riscos.

Outra ferramenta bastante útil na priorização comparativa dos riscos, considerando a necessidade de avaliação de múltiplos critérios quantitativos e qualitativos, percepções e julgamentos humanos, é a técnica de programação multicritério AHP (*analytic hierarchy process*) proposta por Thomas L. Saaty (Wharton School).

Priorização por valor esperado

Esse método considera apenas o valor esperado do risco. Devemos, simplesmente, classificar os riscos pela variável escolhida, em ordem decrescente, fazendo com que o risco mais importante seja o de maior resultante ou valor esperado.

A análise gerencial é de extrema importância nesse momento, pois não podemos considerar a classificação definitiva. Tomemos como exemplo o risco de uma seguradora em um seguro residencial. A probabilidade de ocorrência de um terremoto no Rio de Janeiro é baixíssima. No entanto, caso ocorra, o impacto é extremamente alto para a seguradora. O valor esperado resultante (probabilidade × impacto) pode não ser tão alto, em função da baixíssima probabilidade; no entanto, a seguradora, em função do impacto altíssimo, decide que não cobrirá esse tipo de risco. Para se eximir dele, a seguradora coloca uma cláusula no contrato de seguro, excluindo textualmente a cobertura de terremoto.

Embora a equipe do projeto possa decidir não tratar alguns riscos identificados, cujo impacto global foi considerado moderado ou baixo, eles devem ser monitorados e rastreados durante a execução do projeto, uma vez que a probabilidade e o impacto de sua ocorrência podem mudar conforme o andamento das atividades. O que foi considerado inicialmente um risco de baixa prioridade, pode se tornar, repentinamente, um risco de alta severidade.

Priorização por urgência

A priorização por urgência se fundamenta no valor esperado do risco dividido pelo tempo de ocorrência do risco. Isto ocorre porque, em muitos casos, riscos com mesmos valores esperados ou valores esperados próximos podem ocorrer em tempos muito distantes no projeto. Assim, um risco A com valor esperado maior do que um risco B, mas com um tempo para ocorrência muito longo, terá uma urgência menor do que o risco B com menor valor esperado, mas que está prestes a ocorrer.

Ferramentas auxiliares de análise quantitativa

A análise quantitativa dos riscos normalmente envolve processos que exigem o uso de técnicas mais sofisticadas e, frequentemente, requerem programas de computador complexos. Recomenda-se que organizações iniciantes no gerenciamento de riscos comecem devagar, até que consigam desenvolver conhecimento e experiência suficientes para aproveitar melhor seus benefícios, sob pena de se perderem em um emaranhado de conhecimentos estatísticos que não são de pleno domínio dos gerentes de projetos.

De modo geral, as ferramentas mais utilizadas no apoio à análise quantitativa de riscos, e que analisaremos a seguir, são: árvores de decisão e simulação de Monte Carlo.

Árvore de decisão

Árvore de decisão é um método gráfico de expressão das alternativas de ação disponíveis a um gerente de projetos que necessita fundamentar seu processo decisório, baseado em critérios de potencialização dos efeitos (resultados), os quais estão, invariavelmente, sujeitos a incertezas. Como o nome indica, a árvore de decisão é para ser usada em situações nas quais temos decisões envolvendo escolhas e alternativas.

Nessas situações, espera-se estimar, com relativa precisão, o valor esperado do retorno de cada possível alternativa considerada. Ao gerente de projetos caberá escolher aquela alternativa que demonstrar melhor resultado entre todas.

Basicamente, o processo de construção e análise de árvores de decisão se fundamenta nos seguintes passos (Salles Jr. et al., 2010:90):

i) definição do problema;
ii) identificação das alternativas a serem consideradas;

iii) identificação dos eventos futuros decorrentes das alternativas escolhidas;
iv) representação em tabelas ou gráficos das alternativas e suas ramificações;
v) estimativa das probabilidades de ocorrência para cada evento futuro identificado;
vi) determinação dos valores esperados finais das alternativas;
vii) tomada de decisão.

Para efeito de ilustração (Salles Jr. et al., 2010:90-94), considere um exemplo no qual, durante o planejamento dos recursos, o gerente de projetos e sua equipe estão diante de uma escolha do tipo "fazer ou comprar" (*make or buy*), na qual a decisão de preparação das máquinas (*setup*) para fabricar internamente um componente de um novo produto tem um custo bastante elevado em relação à importação desse mesmo componente da China. Acontece que o custo variável desse componente, caso fosse manufaturado internamente, uma vez tendo sido realizado o *setup* das máquinas, seria bem menor que o preço de compra do componente importado.

Sendo assim, vejamos como deveria proceder esse gerente de projetos:

1) definição do problema – A decisão em questão é a de se adotar uma alternativa de maior retorno econômico para o provimento de recursos para o projeto de um novo produto;
2) identificação das alternativas a serem consideradas: (a) produzir internamente o componente ou (b) importá-lo da China;
3) identificação dos eventos futuros decorrentes das alternativas escolhidas – A demanda pelo novo produto poderia ser alta, média ou baixa – o que impactaria no retorno econômico do projeto (lucro líquido), que foi calculado como explicitado na tabela 2.

Tabela 2
Tabela de decisão – alternativa entre produzir ou importar

	Lucro líquido		
	Demanda Alta	Demanda Média	Demanda Baixa
Produzir	$ 53	$ 32	$ 11
Importar	$ 45	$ 30	$ 15

Fonte: Salles Jr. et al. (2010:91).

4) representação em tabelas ou gráficos das alternativas e suas ramificações: A escolha (*make or buy*) que o gerente de projetos deverá fazer e os valores envolvidos na análise estão expressos na árvore de decisão (figura 17);
5)

Figura 17
Exemplo de árvore de decisão inicial

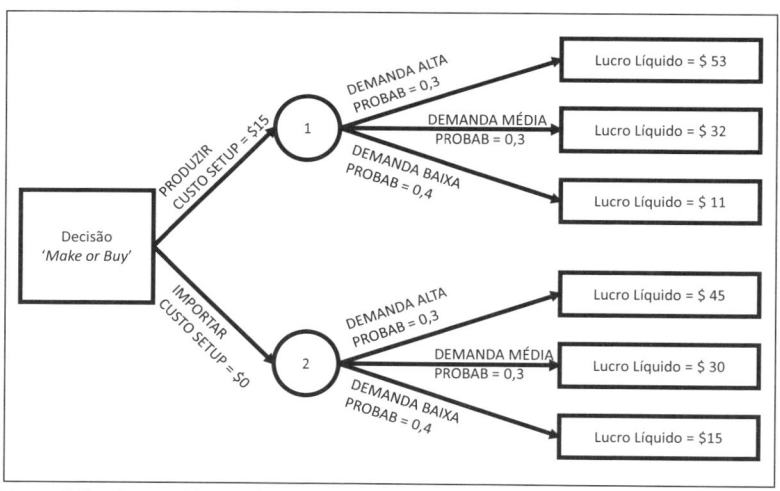

```
                          DEMANDA ALTA
                          PROBAB = 0,3         Lucro Líquido = $ 53
              PRODUZIR              DEMANDA MÉDIA
              CUSTO SETUP = $15  1  PROBAB = 0,3   Lucro Líquido = $ 32
                                    DEMANDA BAIXA
Decisão                             PROBAB = 0,4   Lucro Líquido = $ 11
'Make or Buy'
              IMPORTAR              DEMANDA ALTA
              CUSTO SETUP = $0      PROBAB = 0,3   Lucro Líquido = $ 45
                                 2  DEMANDA MÉDIA
                                    PROBAB = 0,3   Lucro Líquido = $ 30
                                    DEMANDA BAIXA
                                    PROBAB = 0,4   Lucro Líquido = $15
```

Fonte: Salles Jr. et al. (2010:92).

6) estimativa das probabilidades de ocorrência para cada evento futuro identificado – As probabilidades para cada alternativa de demanda foram estimadas como:

ANÁLISE DOS RISCOS EM PROJETOS

- probabilidade de o produto ter demanda *alta* = 0,3 (30%);
- probabilidade de o produto ter demanda *média* = 0,3 (30%);
- probabilidade de o produto ter demanda *baixa* = 0,4 (40%).

7) determinação do valor esperado e a tomada de decisão – O valor esperado (VME) é obtido como o somatório da ponderação dos resultados em cada alternativa considerada, multiplicados pela probabilidade de ocorrência da mesma. Em outras palavras, o valor monetário esperado de uma determinada alternativa de decisão é o produto do valor final esperado da situação pela sua probabilidade de ocorrência. Desse modo, a equipe do projeto pode determinar quais caminhos oferecem um resultado monetário mais atraente ou ainda aquele que ofereça menor exposição frente aos riscos observados;

8) $VME = \sum_{j=1}^{n} \left(resultado_j \right)\left(probabilidade_j \right)$

No exemplo mencionado acima, o VME de cada alternativa, pode ser calculado como:

$VME_{PRODUZIR}$ = ($53)(0,3) + ($32)(0,3) + ($11)(0,4) = $29,9
$VME_{IMPORTAR}$ = ($45)(0,3) + ($30)(0,3) + ($15)(0,4) = $28,5

Os cálculos apresentados nos levam, inicialmente, a considerar que a alternativa de produzir internamente, dadas as estimativas de demanda, traria maior retorno econômico ao projeto do novo produto do que a alternativa de importar.

Porém teríamos ainda de levar em consideração o custo do *setup* da produção, o que modificaria a decisão. Ao aplicar o custo de *setup* à expectativa de resultado, que só existe na alternativa de produzir localmente, a decisão muda. Vejamos a figura 18.

$VME_{PRODUZIR} = (\$53)(0,3) + (\$32)(0,3) + (\$11)(0,4) = \$29,9 - \$15 = \$14,9$
$VME_{IMPORTAR} = (\$45)(0,3) + (\$30)(0,3) + (\$15)(0,4) = \$28,5 - \$0 = \$28,5$

Figura 18
Exemplo de árvore de decisão concluída

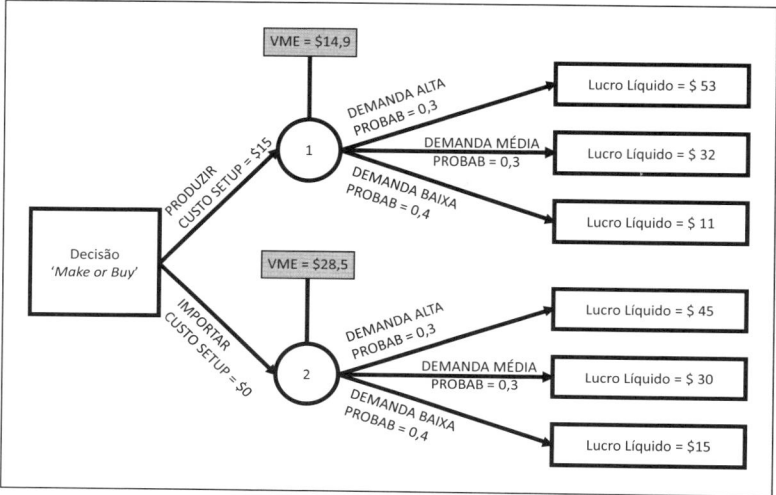

Fonte: Salles Jr. et al. (2010:94).

Essa ferramenta de decisão é importante para o trabalho do gerente de projetos, pois o auxilia no processo de tomada de decisões quando há alternativas, fato frequente no gerenciamento de riscos em projetos.

Simulação de Monte Carlo

A simulação de Monte Carlo consiste na utilização de programas de computador que fazem análises estatísticas, simulando a execução de seu projeto várias vezes, de forma a lhe dar uma distribuição probabilística dos possíveis resultados alcançados. Usualmente, somos determinísticos no planejamento de qualquer coisa. Por exemplo, quando desenvolvemos um cronograma, geramos uma única estimativa de duração para cada atividade, mas sabemos que isso não é necessariamente um fato. Para sermos mais precisos, precisamos aplicar uma distribuição probabilística para essa estimativa de duração, determinando não apenas a duração mais provável, mas também uma duração mínima e uma duração máxima para cada atividade. A denominação "Monte Carlo" está associada à famosa cidade-Estado de Monte Carlo, conhecida internacionalmente por seus cassinos e jogos de azar.

Modelos de simulação são usados na análise de decisões que se caracterizam por condições de riscos, ou seja, modelos cujo comportamento de um ou mais fatores são dados como incertos.

No contexto de projetos, os modelos de simulação prestam-se, normalmente, à avaliação mais precisa de análise de custos e prazos de entrega, que se encontram em condições de incerteza na execução do projeto. Por meio da modelagem matemática e da execução de uma técnica de simulação, o gerente de projetos e sua equipe poderão, em pouco tempo, fundamentar melhor as condições que norteiam seus projetos e tomar decisões mais adequadas.

Para entendermos melhor, vamos analisar um exemplo. Suponha o caso de uma empresa que esteja elaborando uma proposta de projeto em resposta a um edital de serviços cujas cláusulas contratuais estabelecem multas significativas por dia de atraso. O gerente do projeto planejou os custos, bem como identificou os riscos que norteariam a execução do projeto. A questão que ele tem em mãos trata da introdução (ou não) de reservas de contingência de custos associadas aos riscos prioritários identificados e, em caso positivo, da quantificação do valor dessa contingência, de modo a balancear as condições de minimização de prejuízos e a manutenção da competitividade da proposta. O que fazer? Que tal tentar as técnicas de simulação em busca dessa resposta?

Em muitas situações, pela incapacidade técnica ou pelo desconhecimento do uso desse método, as equipes tendem a assumir as piores condições para avaliar os resultados de um projeto, acrescentando reservas à duração das atividades e aos custos orçados, de modo sistemático, decorrentes da identificação e análise dos riscos (que tal colocarmos 10% de reserva sobre o custo ou cronograma para fazer frente às incertezas e, se acontecer alguma coisa, a gente vê como é que fica?). Essa prática conservadora, ainda que simples e barata, pode onerar a capacidade competitiva da proposta do projeto e pode implicar sua desautorização ou cancelamento.

O método de Monte Carlo, entretanto, permite que se aborde o contexto de resultados de uma forma mais integrada e abrangente, por meio do uso de distribuições de probabilidades nas estimativas do projeto. O processo ocorre de uma forma iterativa, adotando a sequência de análise abaixo descrita (Salles Jr. et al., 2010:96):

i) modelagem da condição de risco do projeto e definição das variáveis dependentes e independentes do modelo estatístico;
ii) definição das distribuições de probabilidade que melhor se ajustam às variáveis independentes do modelo proposto;
iii) uso de simuladores computacionais para a geração de números aleatórios, relacionados às variáveis independentes do modelo (o que pode variar) e variáveis dependentes (o que muda em função da variação das variáveis independentes);
iv) avaliação das probabilidades associadas aos resultados do modelo (variáveis dependentes do modelo) e tomada de decisão.

Para efeito de ilustração (Salles Jr. et al., 2010), considere o exemplo mencionado a seguir e o dilema do gerente de projetos acerca da questão dos custos e das multas. Imagine que o diagrama de rede do projeto esteja ilustrado na figura 19, o que implica que o projeto que tem seis atividades e cujo caminho crítico passa pelas atividades A, D, E e F e foi calculado para terminar em 22 dias.

Figura 19
Cronograma para simulação de Monte Carlo

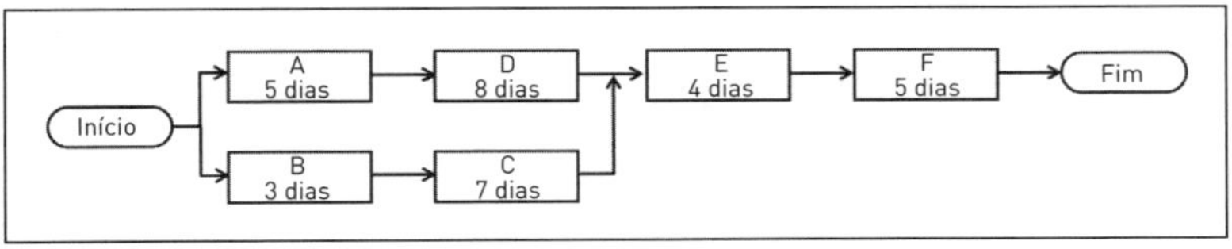

```
Início ──► A       ──► D       ──► E       ──► F       ──► Fim
           5 dias      8 dias      4 dias      5 dias
       ──► B       ──► C
           3 dias      7 dias
```

Fonte: Salles Jr. et al. (2010:97).

Dando prosseguimento à sequência de passos aqui descrita:

1) Modelagem da condição de risco do projeto e definição das variáveis dependentes e independentes do modelo estatístico. Imagine que as estimativas de durações das seis atividades estejam sujeitas a incertezas e que, em decorrência disso, o gerente de projetos procurou desenvolver três estimativas baseadas em cenários, que foram caracterizados como cenários otimista, realista e pessimista. Ele escolheu, então, o modelo de distribuição beta de probabilidades, segundo o qual a média e o desvio padrão das estimativas são calculados como:

$$\text{Média} = (otimista + 4.realista + pessimista)/6$$
$$\text{Desvio padrão} = (pessimista - otimista)/6$$

Os valores calculados de média e desvio padrão com as fórmulas acima refletem as estimativas de duração apresentadas na tabela 3. O gerente de projetos reconhece que as maiores incertezas que ele identificou recaem sobre as atividades C, D e F, que são as de maior duração média e alto desvio padrão.

Tabela 3
Distribuição probabilística das atividades planejadas

Atividades	Duração otimista (dias)	Duração realista (dias)	Duração pessimista (dias)	Média (dias)	Desvio padrão (dias)
A	4	5	9	5,5	0,8
B	2	3	4	3	0,3
C	2	7	8	6,3	1
D	4	8	9	7,5	0,8
E	2	4	8	4,3	1
F	4	5	12	6	1,3

Fonte: Salles Jr. et al. (2010:98).

2) Definição das distribuições de probabilidade que melhor se ajustam às variáveis independentes do modelo proposto. Essa premissa da utilização de um modelo probabilístico para cada atividade do projeto aponta que a duração de cada atividade pode variar segundo modelos individuais de probabilidade. No caso em estudo, simplificamos a situação, definindo que o tempo de duração de cada atividade segue um modelo beta de probabilidade. Esse modelo está ilustrado na figura 20.

Ou seja, se o tempo de duração de cada atividade caracteriza-se por um comportamento probabilístico, como definir, então, o tempo total de duração do projeto?

Figura 20
Distribuição beta de probabilidades

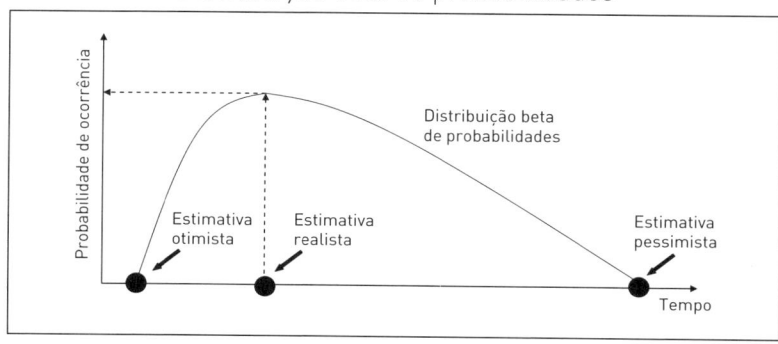

ANÁLISE DOS RISCOS EM PROJETOS

A conclusão, até então, é que o gerente não consegue definir, com certeza, quanto tempo o projeto vai realmente durar. Serão 22 dias ou mais? Ou menos? E o problema das multas contratuais? Isso está lhe tirando o sono. Veja a figura 21.

Figura 21
Cronograma para simulação de Monte Carlo

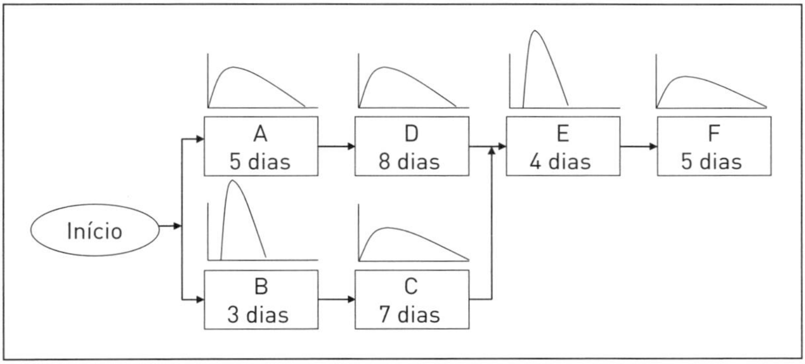

```
         ┌─ A ──── D ──── E ──── F
Início ──┤  5 dias  8 dias  4 dias  5 dias
         └─ B ──── C
            3 dias  7 dias
```

Fonte: Salles Jr. et al. (2010:99).

3) O uso de simulação computacional, "executará" o projeto várias vezes, por meio da geração de números aleatórios, relacionando as variáveis independentes do modelo e a projeção das variáveis dependentes. Assim, o gerente de projetos fará uso de simuladores de números aleatórios que, de acordo com a distribuição de probabilidades beta definida e com os parâmetros calculados (média e desvio padrão), passará a simular repetidamente, por várias vezes (nesse caso optamos por mil interações), o modelo de execução do projeto, e calculará a duração total resultante de cada uma das interações efetuadas. O uso de simuladores computacionais atualmente tem sido bastante facilitado pela simplicidade de programação e condições de acesso que muitos softwares de mercado oferecem. A tabela 4 ilustra parte do resultado das simulações efetuadas sobre o exemplo em questão.

Tabela 4
Simulação da duração das atividades planejadas

	A	B	C	D	E	F
1	5,26	2,95	5,27	6,67	3,56	5,03
2	4,48	2,72	6,22	6,77	4,21	5,78
3	5,70	3,10	8,54	7,56	5,42	6,26
4	6,52	3,68	6,72	7,71	5,01	5,18
5	6,46	2,65	6,26	6,72	6,15	4,36
6	6,89	3,04	5,88	6,85	4,46	6,34
7	3,75	3,38	6,93	6,82	2,66	5,96
8	5,31	2,67	6,21	7,56	4,39	7,44
9	6,38	3,00	6,59	6,63	4,12	6,23
...	...	...	...	...	...	...
996	5,70	2,49	6,54	6,77	4,75	5,18
997	5,29	3,70	6,88	8,06	3,68	5,17
998	5,89	2,58	6,80	6,81	4,44	2,61
999	5,96	2,74	5,43	7,97	4,17	6,20
1.000	5,77	3,17	6,40	6,51	2,83	3,65

Fonte: Salles Jr. et al. (2010:100).

A tabela 5 apresenta parte dos resultados das mil durações simuladas do projeto.

Tabela 5
Duração simulada dos caminhos do cronograma

	ADEF	BCEF	Duração total do projeto
1	20,52	16,81	20,52
2	21,24	18,93	21,24
3	24,94	23,32	24,94
4	24,42	20,59	24,42
5	23,68	19,42	23,68
6	24,52	19,71	24,52
7	19,20	18,94	19,20
8	24,70	20,71	24,70
9	23,36	19,94	23,36
...	...	...	...
996	22,40	18,94	22,40
997	22,20	19,42	22,20
998	19,74	16,42	19,74
999	24,30	18,54	24,30
1.000	18,76	16,05	18,76

Fonte: Salles Jr. et al. (2010:101).

ANÁLISE DOS RISCOS EM PROJETOS

4) Avaliação das probabilidades associadas aos resultados do modelo (variáveis dependentes do modelo) e tomada de decisão. Uma vez ordenadas as mil durações simuladas do projeto em ordem crescente e associadas à sua ordem percentual (distribuição de probabilidades acumulada), estas permitiram a projeção de um gráfico (figura 22), que dispõe na abcissa as durações obtidas e na ordenada a distribuição acumulada de probabilidade do valor correspondente de dias de duração do projeto.

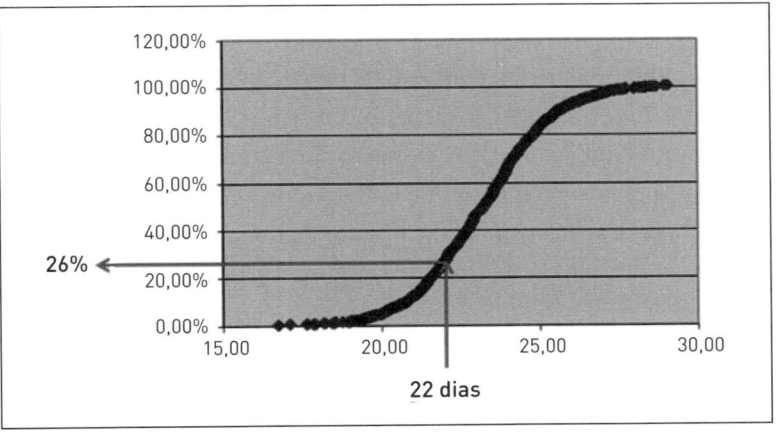

Figura 22
Análise estatística da simulação de Monte Carlo

Fonte: Salles Jr. et al. (2010:102).

O gráfico aponta para as informações de que o projeto:

- tem apenas 26% de chance de terminar na data prevista de 22 dias;
- 90% de certeza nos apontam para 26 dias de prazo;
- se quisermos ter quase 100% certeza de que alcançaremos o prazo acordado, devemos definir a duração do projeto em mais de 29 dias.

Isso colocará o gerente do projeto e sua equipe em estado de alerta para a condição de multas por atraso, que pelas condições aqui demonstradas são muito prováveis, sendo, portanto, recomendável que se faça uma renegociação de prazos ou a introdução de valores de contingência nos custos previstos formadores do preço de venda do projeto.

Por outro lado, a simples inclusão de contingências de custos e/ou prazos devido ao comportamento probabilístico dos tempos de duração individual das atividades do projeto implica a redução imediata de seu grau de competitividade. Um projeto planejado para durar mais tempo e custar mais caro será obviamente mais difícil de ser aprovado. Aqui reside a beleza e a força da análise de Monte Carlo, ou seja, os riscos deverão ser analisados e assumidos conjuntamente, entre a equipe e os patrocinadores do projeto.

Em suma, a simulação de Monte Carlo permitirá ao gerente do projeto, sua equipe e seus patrocinadores abordar de modo mais efetivo e formal a condição de riscos e impactos do projeto e a probabilidade estimada de alcance dos resultados esperados.

* * *

Neste capítulo, discutimos o processo de análise dos riscos, de forma a conseguir determinar um peso para cada risco. Abordamos os métodos de qualificação e de quantificação, seus processos associados e as vantagens e desvantagens decorrentes de cada abordagem. Ao final, vimos a importância de estabelecermos uma prioridade para os riscos, de forma a facilitar seu gerenciamento ao longo do desenvolvimento do projeto.

Vamos agora, no próximo capítulo, abordar os dois últimos processos de gerenciamento de riscos em projetos do PMBOK (PMI, 2017a), quais sejam: planejamento das respostas aos riscos e monitoramento e controle dos riscos em projeto.

4
Planejamento e implementação das respostas aos riscos e monitoramento dos riscos em projetos

Este capítulo aborda três importantes processos gerenciais associados ao gerenciamento de riscos, segundo o PMBOK (PMI, 2017a): planejamento das respostas aos riscos do projeto, implementação das respostas aos riscos de projeto e monitoramento dos riscos do projeto. Esses três processos, seguramente, dão efetividade ao gerenciamento dos riscos de um projeto.

Inicialmente, será apresentado o processo gerencial denominado planejamento das respostas aos riscos do projeto. O assunto central que será explorado nesse processo refere-se às alternativas de respostas aos riscos do projeto – tanto dos riscos positivos quanto dos riscos negativos. Após a apresentação desse processo, o leitor terá condições de entender as diversas alternativas de respostas aos riscos de projetos, bem como conhecer as informações relevantes para um plano de resposta ao risco.

Em seguida, o novo processo de implementação das respostas aos riscos dos projetos será abordado (PMI, 2017a). Veremos, então, como implementar os planos acordados. Após o entendimento desse processo, será possível compreender como é possível garantir que as respostas acordadas sejam executadas conforme planejado. Dessa forma, será possível entender a importância da execução de ações que minimizem as ameaças individuais, bem como maximizem as oportunidades individuais dos riscos do projeto.

Por fim, será apresentado e discutido o processo de monitoramento dos riscos em projetos (PMI, 2017a). Merece destaque, nesse processo, o momento da reação ao risco. Após a apresentação desse processo, o leitor terá condições de entender como proceder quando um risco – programado ou não programado – chega ao âmbito do projeto.

Planejamento das respostas aos riscos em projetos

Uma vez identificados e avaliados os possíveis eventos de risco de um projeto (ver capítulos 2 e 3), é preciso tratá-los. O processo de planejamento das respostas aos riscos do projeto visa gerar ações de aproveitamento das oportunidades, bem como de redução das ameaças aos objetivos do projeto (PMI, 2017a). Além disso, as informações geradas no processo de planejamento das respostas aos riscos devem ser incluídas no registro de riscos para possíveis acessos futuros.

Os objetivos do planejamento da resposta ao risco são:

1) definir estratégias de respostas para riscos positivos e negativos. Para cada conjunto de riscos, organizar respostas cujas ações podem ser imediatas ou programadas;
2) organizar e documentar as informações dos riscos avaliados, assim como suas alternativas de respostas, no registro de risco do projeto;
3) identificar ações correspondentes para cada estratégia definida. As ações devem ser valoradas de tal forma que os envolvidos com o projeto saibam da necessidade da administração dos riscos;
4) desenvolver planos de ação (planos de contingência) para atender aos riscos do projeto; Esse documento aumenta o nível de detalhe das informações contidas no registro de risco.

5) estabelecer um responsável para cada risco, isto é, uma espécie de "dono" do risco, ou seja, um profissional que acompanhará o risco até sua efetivação ou eliminação;
6) preparar a equipe de projetos para o monitoramento dos riscos (efetivação da gestão). Uma equipe de projetos completa absorve, em termos técnicos, além das atividades de projetos, as atividades de gerenciamento de risco;
7) definir alertas para a possível ocorrência dos riscos do projeto. Esse objetivo mostra, à medida que o projeto se desenvolve, seus momentos críticos em relação aos riscos, tanto os positivos quanto os negativos;
8) estabelecer reservas de contingência. Esse objetivo dá maior segurança para que a equipe e os *stakeholders* mais próximos da gestão possam atingir os objetivos do projeto.

O processo de planejamento das respostas aos riscos permite que o gerente de projetos ou o gerente de riscos, junto com a equipe, possam prever o que fazer caso um risco venha a ocorrer durante a execução de um projeto. As ações de respostas aos riscos, evidentemente, serão mais detalhadas conforme a intensidade ou o valor esperado associado a um evento de risco, obtido no processo de avaliação do mesmo (ver capítulo 3). Assim, quanto maior for o valor esperado associado ao evento de risco, mais detalhadas e consistentes devem ser as ações de resposta.

As informações de resposta ao risco devem levar em conta o momento de reação a ele. Em alguns casos, quando a ocorrência de algum risco negativo precisa ser evitada, é preciso programar ações no início do projeto, no momento de seu planejamento. Em geral, tais ações farão parte do plano do projeto e, portanto, devem ser implantadas de modo a eliminar por completo o risco. Tal se caracteriza como reação ao risco por prevenção. Já em outros casos, as ações de resposta ao risco caracterizam-se por contingências, podendo ser planejadas.

As estratégias de respostas aos riscos podem ser organizadas em dois grupos: estratégias de ameaças (ou riscos negativos) e estratégias de oportunidades (ou riscos positivos), conforme veremos a seguir.

Estratégias de respostas aos riscos negativos

As alternativas para definições de estratégias de respostas aos riscos negativos são: escalonamento, prevenção, transferência ou mitigação, e aceitação.

A estratégia de escalonamento ou escalar deve ser utilizada quando uma ameaça está fora do escopo do projeto ou quando a resposta proposta excede a autoridade do gerente do projeto. Nesse caso, ele e seu patrocinador deverão identificar, na organização, o profissional de mais alto escalão para ser responsável pelo risco. Em geral, esse profissional pertence aos níveis estratégico, de programa ou de portfolio da organização. O gerente de projetos deverá informá-lo sobre as ameaças existentes e suas implicações no projeto ou organização. Por outro lado, em termos práticos, é preciso que a pessoa e/ou as partes interessadas (*stakeholders*) entendam as necessidades e os requisitos das ameaças e as aceitem para que sejam tomadas medidas gerenciais adequadas no âmbito de suas responsabilidades.

Nesse caso, um dos aspectos mais relevantes da gestão de riscos, e que deve ser trabalhado pelo gerente de projeto e sua equipe, é o acompanhamento da programação de respostas aos riscos e das respectivas ações implementadas, mesmo não sendo eles os responsáveis.

A estratégia de prevenção requer mudar o plano do projeto para evitar que algo adverso ocorra com os objetivos do mesmo. De certa maneira, essa estratégia envolve a adoção de novas formas de abordar tecnicamente um problema. Por exemplo, se em um projeto for necessário não correr o risco de falhas técnicas decorrentes da implantação de um novo equipamento, o gerente de projetos e sua equipe podem optar pela estratégia de prevenção, fazendo uso de um equipamento já existente. Elimina-se, portanto, o risco.

A estratégia de prevenção, quando utilizada em demasia, pode levar o projeto a uma postura demasiadamente conservadora. Nesse sentido, deve-se evitar o uso de novas tecnologias, novos métodos etc., tudo em função da prevenção. Portanto, a escolha dessa alternativa de resposta ao risco se dá em função da alta criticidade do mesmo, isto é, de seu alto valor esperado.

Uma vez escolhida essa estratégia para um determinado risco de projeto, numa próxima rodada de avaliação tal risco não deve aparecer, pois sua probabilidade deve ser zero ou próxima de tal. Por outro lado, a adoção tímida da estratégia de prevenção ao risco pode viabilizar riscos negativos, a ponto de comprometer o resultado de um projeto.

A transferência é outra estratégia de resposta aos riscos negativos do projeto. Transferir risco significa passar o risco para outra parte. Obviamente, tal ação não muda o valor esperado do risco. Além disso, a escolha dessa alternativa, em geral, pode ser custosa, resultando em um prêmio a ser concedido à parte que assume o risco. A responsabilidade fica, portanto, com alguma outra parte, mas isso não significa que o risco tenha desaparecido, mas apenas que sua gestão foi transferida.

Os mecanismos de transferência de riscos envolvem cláusulas contratuais, garantias, seguros etc. Os exemplos mais comuns de transferência de riscos são os contratos de preço fixo em que, em tese, os riscos são transferidos do cliente para o contratado. Nesse caso, visando buscar uma gestão eficiente, é preciso que o cliente crie mecanismos de monitoramento para garantir que o risco foi transferido, ou seja, que ele está sendo efetivamente gerenciado. A documentação, nesse caso, é imprescindível para uma boa gestão. O cliente precisa estar consciente das fases do projeto em que podem ocorrer os riscos, ter informações sobre o risco no desenvolvimento do projeto etc.

Seguros podem, também, ser utilizados como ferramentas de transferência de riscos. Essa opção requer a apresentação do projeto a uma seguradora, o que, em alguns casos, pode inviabilizar a transferência do mesmo. Isso porque, muitas vezes, as seguradoras não querem se envolver com projetos sobre os quais pairam muitas incertezas.

A mitigação de riscos negativos em projetos é mais uma estratégia de resposta. A mitigação, em geral, é a alternativa mais conhecida pelos gerentes de projetos. Essa alternativa contém três opções complementares (i) minimizar a probabilidade de ocorrência do evento de risco; (ii) reduzir o impacto do risco nos objetivos do projeto; (iii) minimizar ambos – a probabilidade e o impacto. De maneira geral, as equipes de projeto inicialmente se concentram na redução da probabilidade e, depois, nos impactos. Reduzir a probabilidade e/ou o impacto dos riscos significa obter um novo valor esperado mais aceitável aos objetivos do projeto.

Uma ação de mitigação muito conhecida no setor industrial é o desenvolvimento de protótipos. A decisão de desenvolver protótipos antes de fabricar um novo produto ajuda a mitigar riscos do processo ou produto que podem ocorrer durante a produção.

Outro exemplo de mitigação são os testes de implantação de sistemas, que podem ser feitos em departamentos específicos antes da disseminação do sistema por toda a organização.

A mitigação pode envolver, também, fornecedores mais estáveis, como resposta às dúvidas associadas à seleção de um novo fornecedor. Para tal, os aspectos que devem ser levados em conta são a relação conhecida com fornecedores estabelecidos, a comunicação destes com o projeto etc. Nesse quesito, uma alternativa bastante viável é antecipar o desenvolvimento de fornecedores. Isso serve para mitigar possíveis riscos associados a um novo negócio.

Os riscos negativos são mais fáceis de ser entendidos pelos gerentes de projetos ou gerentes de riscos, mas nem sempre são de fácil detecção, o que torna, muitas vezes, difícil organizar ações de contingência. Com o aumento da maturidade em gerenciamento de riscos, é possível aprimorar cada vez mais os planos de respostas aos riscos negativos. Aprender com falhas (ou sucesso) de projetos tem ajudado os gerentes e a equipe a produzir melhores planos de resposta ao risco.

Para explicar melhor a abordagem de riscos negativos, vale a pena citar o caso do Titanic, navio que afundou em sua viagem inaugural, em abril de 1912. Esse caso é cheio de exemplos de presença e ausência de gerenciamento de riscos, especificamente com relação ao processo de planejamento de respostas aos riscos. Como já foi amplamente divulgado, o Titanic foi projetado para ficar estável mesmo com compartimentos inundados. Devido a essa característica técnica assumida, gerou-se a expectativa de que o navio era praticamente impossível de afundar. Consequentemente, com essa informação disseminada entre os membros da equipe do projeto, poucos esforços foram feitos na tentativa de dar adequadas respostas aos riscos negativos. Pode-se citar o fato de que os projetistas incluíram salva-vidas em número suficiente apenas para metade dos passageiros e tripulação. Sem dúvida, essa foi uma resposta de mitigação ao risco, caso tal viesse a ocorrer. No entanto, foi, sem dúvida, uma resposta inadequada.

Conforme a viagem evoluía, os primeiros sinais de riscos negativos começavam a aparecer. Um deles foi a informação da presença de *icebergs* em rota, recebida pela tripulação do Titanic. A informação era consistente, tanto que foi constatado um dano importante no leme do navio informante, causado por um *iceberg*.

Outros fatos relevantes evidenciaram condições para a ocorrência de riscos. Do ponto de vista do comando do Titanic, sabe-se hoje que as condições climáticas favoreciam o cenário de risco. Por exemplo, a escuridão – uma vez que a Lua pouco apareceu naquela noite –, a intensidade dos ventos e o mar calmo eram condições que, segundo especialistas, dificultavam a detecção de *icebergs*.

Em termos estruturais, sabe-se, também, que o navio foi construído com chapas rebitadas a frio. Esse processo de construção produziu pequenas trincas nas superfícies, não percebidas na época da construção. Além do mais, nesse quesito, descobriu-se que o tipo de aço usado no casco era sensível, quando exposto a baixas temperaturas – no caso, em torno de 0°C.

Como é possível ver hoje, tanto as condições da viagem quanto as do navio pareciam contribuir para a ocorrência do mais conhecido dos acidentes navais. O Titanic atingiu um grande *iceberg* às 23h40min do dia 14 de abril de 1912 e seu afundamento ocorreu às 2h20 min da manhã seguinte. Ou seja, o risco ocorreu. Nessa situação, é natural que gerentes de projetos perguntem: O que fazer? A resposta é, obviamente, implantar um plano de respostas aos riscos. Nesse caso vale a pena questionar: Qual?

Na fase inicial do naufrágio, houve uma inundação lenta e parcial. A resposta ao risco começou, então, a ser levada a cabo – os equipamentos salva-vidas foram colocados no mar. No entanto, o peso da água que entrou no navio aumentou as tensões internas, o navio inclinou-se e partiu-se em duas partes, afundando e causando a morte de mais de 1.500 pessoas, entre passageiros e tripulantes.

Esse caso mostra que um plano de respostas aos riscos negativos poderia ter sido desenvolvido e, se implantado, muito provavelmente mortes seriam evitadas. As respostas aos riscos poderiam ter sido dadas em função das informações que evidenciavam o desastre. Por exemplo, um plano mais ousado de resposta poderia ter sido desenvolvido com o argumento de que os projetos de engenharia naval podem não ser 100% confiáveis. Outro elemento que poderia ter sido levado em conta era a rota do navio. Sabendo-se da presença de *icebergs*, a alteração de rota seria uma resposta plausível a esse tipo de risco. Ou seja, mitigação! As lições aprendidas com essa história têm ajudado projetistas e gerentes de projetos na configuração de planos de respostas aos riscos mais bem organizados, os quais têm propiciado, também, melhores avaliações e melhor monitoramento dos riscos.

Estratégias de respostas aos riscos positivos

Uma vez exploradas as respostas aos riscos negativos, vale a pena tratar das estratégias de respostas aos riscos positivos – escalonamento, exploração, compartilhamento e melhoramento.

A estratégia de escalonamento ou escalar deve ser gerenciada por profissionais em nível gerencial acima daquele dos profissionais do empreendimento. Os requisitos e as características de oportunidade devem ser detalhados e informados ao profissional responsável por organizar as ações a serem implementadas para tratamento devido. É necessário certificar-se de que se trata da pessoa certa, devendo ela aceitar a incumbência de aproveitar a oportunidade para a organização. O gerente de projetos e sua equipe, mesmo não sendo os responsáveis pela oportunidade, devem acompanhar a programação das respostas e das ações implementadas.

A estratégia denominada exploração deve ser selecionada quando os executivos de uma organização decidem aproveitar uma oportunidade identificada e avaliada como de alto valor esperado. Aproveitar uma oportunidade significa garantir que o evento de risco positivo ocorra e, para isto, devem-se desenvolver ações que visem ao aumento de sua probabilidade de ocorrência. São ações que devem eliminar as incertezas associadas ao evento de risco positivo, de tal forma que a oportunidade tenha realmente condição de ocorrer.

A exploração pode levar o gerente de projetos ou o gerente de riscos do projeto a tomar dois tipos de decisões: (i) decisão interna ao projeto ou (ii) decisão externa ao projeto.

As decisões internas geram benefícios que são refletidos nos indicadores do projeto, como: redução de custos, melhora nos indicadores de satisfação do cliente, geração de receitas, entre outros. Nesses casos, por exemplo, a descoberta de uma nova tecnologia pode ser um fato indutor de uma oportunidade, beneficiando o projeto. Esse tipo de oportunidade ocorre em vários tipos de projetos. Na construção civil, em projetos de pequenas obras, a possibilidade de usar uma betoneira pode significar a redução de dias importantes no projeto e, ao mesmo tempo, gerar um grau de satisfação do cliente, pois ele acredita que a qualidade pode ser aumentada.

Já as decisões externas podem gerar novos projetos dentro da empresa. Em alguns casos, é preciso checar a possibilidade de realização do projeto, frente às estratégias empresariais.

Já o compartilhamento é mais do que uma alternativa estratégica de resposta ao risco positivo do projeto – caracteriza-se pela atribuição de parte dos benefícios e oportunidades a serem auferidos pelo projeto, a partir do risco positivo, a terceiros, em benefício do próprio projeto. Essa estratégia de resposta ao risco se caracteriza por parcerias entre empresas ou equipes de projetos, contratos na modalidade *joint venture*, alianças, entre outros. Um exemplo de estratégia de compartilhamento são os contratos de *joint venture* feitos entre a Embraer e seus fornecedores para os projetos de aviões. Nessa estratégia, compartilhar riscos positivos significa juntar tecnicamente as capacidades dos envolvidos de tal forma que, quando o empreendimento der resultados, os lucros serão compartilhados. Em geral, a escolha por tal estratégia ocorre quando se acredita que as atuações conjuntas possam resultar em oportunidades mais eficazes.

Já a estratégia de melhoramento visa estabelecer ações, de modo a alterar o valor esperado de um evento de risco positivo, seja por meio do aumento de sua probabilidade de ocorrência, seja por meio do aumento de seus impactos. Dessa forma, os gerentes de risco ou do projeto procuram fortalecer as causas associadas à oportunidade.

Estratégias de respostas aos riscos negativos e positivos

Uma estratégia de respostas aos riscos comum, tanto aos riscos negativos quanto aos positivos, é a estratégia de aceitação. Aceitar riscos pode ser uma estratégia escolhida quando é baixa a probabilidade de ocorrência de um evento de risco ou mesmo os impactos do mesmo no projeto. Assim, ela pode ser adotada quando o valor esperado do risco é baixo. Por outro lado, a alternativa de aceitar o risco muitas vezes ocorre quando não é possível escolher outras ações. Nesse caso, os objetivos do projeto estão desprotegidos quanto aos riscos negativos. Já no caso de riscos positivos, os objetivos são expandidos.

Há duas categorias de aceite de riscos de projeto: passiva e ativa. Uma aceitação passiva não requer ações decorrentes. A equipe do projeto responde ao risco quando ele ocorrer, de forma reativa e não planejada. A literatura profissional de gerenciamento de projetos chama esta alternativa de "quebra-galho" (*workaround* em inglês).

Já a aceitação ativa exige que ações sejam incluídas no plano de resposta ao risco – um plano de contingência que será usado se um possível evento de risco se tornar realidade –, para serem executadas no caso de o risco ocorrer (Gray e Larson, 2009). No caso dos riscos positivos, um plano de negócio ou de ações deve ser elaborado.

As estratégias de respostas aos riscos, tanto positivos quanto negativos, podem ser visualizadas, pela conjugação das avaliações de seu impacto e probabilidades na tabela 6. A região em que o risco é posicionado (tabela 6) mostra a estratégia de resposta mais adequada.

Tabela 6
Matriz impacto × probabilidade

Probabilidade	Ameaças					Oportunidades				
0,90	0,05	0,09	0,18	0,36	0,72	0,72	0,36	0,18	0,09	0,05
0,70	0,04	0,07	0,14	0,28	0,56	0,56	0,28	0,14	0,07	0,04
0,50	0,03	0,05	0,10	0,20	0,40	0,40	0,20	0,10	0,05	0,03
0,30	0,02	0,03	0,06	0,12	0,24	0,24	0,12	0,06	0,03	0,02
0,10	0,01	0,01	0,02	0,04	0,08	0,08	0,04	0,02	0,01	0,01
	0,05	0,10	0,20	0,40	0,80	0,80	0,40	0,20	0,10	0,05

Fonte: PMI (2017a).

A tabela 6 é um instrumento que serve para orientar os gerentes e membros de equipes de projetos, quanto às respostas aos riscos, de acordo com seu posicionamento em três regiões: (i) região central superior; (ii) regiões intermediárias e (iii) regiões inferiores esquerda e direita.

Por exemplo, quando um risco estiver posicionado na região central superior (região mais escura), é porque o mesmo apresentou alta avaliação, tanto de probabilidade quanto de impacto. Essa região representa os altos riscos do projeto. Assim, se o risco se posicionar nas colunas de oportunidades, a resposta correta a ser escolhida será de exploração. Já se o risco de posicionar nas colunas de ameaças, a resposta correta será de prevenção.

A região de baixo risco (representada na tabela 6 pelas regiões inferiores, esquerda e direita), ou seja, de baixa probabilidade e baixo impacto, está associada às estratégias de aceitação, tanto para riscos positivos quanto para riscos negativos.

Já as regiões intermediárias (regiões mais claras) servem para orientar as estratégias de mitigação – quando o posicionamento do risco se der nas colunas de ameaças – e melhoramento, quando o posicionamento do risco se der nas colunas de oportunidades.

A tabela 6 mostra que, de acordo com tais regiões, o gerente de projetos, o gerente de riscos e a equipe podem, visualmente, estabelecer os procedimentos de respostas aos riscos de um projeto.

Uma vez escolhidas as estratégias de respostas, é preciso construir efetivamente o plano de resposta e assegurar sua execução.

Para que o processo de planejamento de respostas aos riscos do projeto seja bem elaborado, as informações que chegam do processo anterior (avaliação) precisam estar bem estruturadas. Não é incomum haver planos de respostas ao risco de baixa qualidade, muitas vezes com informações inexatas e imprecisas, que dificultam o processo de tomada de decisão. A experiência da equipe de projetos e sua capacidade em produzir informações sobre riscos contribuem para a elaboração de um consistente plano de resposta ao risco, isto é, um plano que seja exequível.

O plano de respostas aos riscos do projeto, com base nas informações do documento "registro de risco", contém os cronogramas de desenvolvimento das atividades, assim como seus respectivos responsáveis.

Não há um consenso sobre as distinções entre registro de risco e plano de respostas ao risco. Alguns autores os consideram o mesmo documento. Para efeitos didáticos, é possível dizer que o registro de risco, que acompanha o evento de risco desde o início até o fim do projeto, é um documento que vai abastecer o processo de gestão de conhecimento do projeto. Já o plano de resposta ao risco é mais preciso, contém os documentos de um plano de projeto e, muitas vezes, deve ser incluído na documentação do projeto (Carvalho e Rabechini Jr., 2011). Os autores, que não fazem distinção entre tais documentos, afirmam que os registros de riscos devem incluir os cronogramas no momento da elaboração do processo de planejamento de respostas ao risco do projeto.

O processo de planejamento de respostas aos riscos deve gerar, além das estratégias escolhidas para ameaças e oportunidades, as ações a elas correspondentes. Adicionalmente a tais ações, um plano de respostas aos riscos deve fornecer informações que deem condições de os executivos do projeto definirem fundos de contingência e reservas para o projeto. Esses fundos de contingência serão utilizados pelo gestor do risco caso seja necessário implantar as ações de contingência. Assim, os fundos de contingência são normalmente utilizados para cobrir os riscos do projeto.

Além disso, um bom planejamento das respostas aos riscos de um projeto deverá apresentar valores para as contingências. O montante de recursos destinados ao atendimento das contingências depende das incertezas envolvidas nos projetos. Tecnicamente, o termo utilizado para designar as contingências é reserva (Salles Jr. et al., 2010).

No senso comum, reserva significa guardar algo para casos imprevistos. As reservas em gerenciamento de projetos são utilizadas para os casos de aceitação de riscos e para riscos residuais.

Riscos residuais são aqueles que se mantêm, mesmo depois da implantação das respostas. Há, também, os riscos secundários, isto e, aqueles que podem afetar um projeto mesmo após a aplicação de uma resposta a eles.

Os tipos de reservas mais utilizados pelos gerentes de projetos se fundamentam em prazo e custo.

Reservas de prazo incorporam tempo adicional ao projeto, sendo também chamadas, segundo o PMI (2017a), de reservas para contingências, reservas de tempo ou *buffers* no cronograma total do projeto, como reconhecimento da possibilidade de impacto do risco no cronograma. Essa reserva é apresentada em um percentual da estimativa de duração da atividade ou em número fixo de períodos de trabalho.

A contingência de prazo pode ser calculada multiplicando-se a probabilidade de ocorrência de um evento de risco pelo tempo adicional, caso o risco ocorra. Em outras palavras, se a um evento for atribuída a probabilidade de 40% de chance de ocorrência, com impacto de 20 dias de duração no prazo do projeto, o prazo da reserva corresponderá a oito dias.

A reserva para contingências pode ser usada total ou parcialmente, ou pode ser reduzida ou eliminada posteriormente, conforme informações mais precisas sobre o projeto se tornem disponíveis. Muitos projetos, com o aparecimento de uma nova tecnologia, por exemplo, ou mesmo de um novo processo produtivo, podem ter seu tempo de execução reduzido. Nesse sentido, as reservas podem ser eliminadas o que, certamente, dará mais fôlego ao projeto.

As reservas de contingência também podem ser relacionadas aos custos de um projeto sendo, normalmente, chamadas de "provisões para contingências". Nesse caso, as reservas de contingências referem-se aos custos estimados, programados para serem utilizados, entre outros casos, quando há eventos que precisam ser antecipados, isto é, eventos que fazem parte do escopo do projeto, mas que, por alguma razão (aqui entram as incertezas), precisam ter seus gastos realizados antecipadamente. Essa antecipação e a utilização das reservas são decifradas pelo gerente de projetos no momento considerado adequado para o bom andamento das contas do projeto.

Em termos práticos, a gerência das reservas financeiras do projeto pode se dar por meio da agregação das reservas de várias atividades relacionadas a uma única tarefa/atividade do cronograma, com duração nula. À medida que as atividades do cronograma forem consumindo os recursos a elas associados, a reserva deverá ser concomitantemente gerenciada, de acordo com as necessidades do projeto.

Alternativamente, podem-se agrupar as reservas numa só atividade *buffer* e posicioná-las no final do caminho de um conjunto de atividades do projeto. Do mesmo modo que ocorre nas atividades de reserva com duração nula, essas atividades de *buffer* também devem ser administradas intensamente, com forte dedicação, conforme o projeto vai sendo desenvolvido. Espera-se, como resultado, que as variações de custos do conjunto de atividades do projeto, relacionadas com aquelas que contêm as reservas, sejam mais exatas.

Uma contingência de custos pode ser calculada utilizando-se os valores de probabilidade associados aos eventos de risco e os valores dos impactos (medidos em moeda corrente), ou seja, valor esperado. Na prática, isso quer dizer que, se para um determinado risco forem associados 60% de probabilidade de ocorrência e seus efeitos no projeto forem, em termos financeiros, da ordem de US$ 10 mil, tem-se que o valor da reserva é de US$ 6 mil. Uma vez calculado o valor da reserva para contingência de custo, é preciso designar um intervalo de tempo provável para a ocorrência do evento e associar isso ao cronograma (Cleland e Ireland, 2007).

Caso as ocorrências de risco sejam evitadas, tanto as reservas de prazo quanto as de custos podem ser, evidentemente, liberadas. No caso das reservas de custos, isso pode significar diminuição do volume financeiro necessário para o projeto.

A reserva total de contingência pode ser definida como o somatório dos custos projetados de resposta. Além das reservas de contingência para os riscos identificados, pode-se ainda ter, no projeto, situações de incertezas não identificadas previamente, ou seja, desconhecidas. Para fazer frente a essas situações, é possível planejar as reservas gerenciais que são, tão somente, reservas percentuais sobre os totais do projeto, sejam em prazo ou financeiras.

A partir da discussão sobre a concepção de um planejamento de resposta ao risco, é possível eleger os elementos que devem compor um plano de resposta ao risco (quadro 14).

Quadro 14
Conteúdo do registro dos riscos do projeto

Informação	Conteúdo
Evento de risco	Descrição do evento de risco.
Causas	Refere-se à causa raiz possível de ser gerenciada.
Áreas	Departamentos/setor da organização ligado aos eventos de riscos.
Proprietários	Profissionais responsáveis por administrar o risco. Podem ser gerente do projeto/risco, cliente, fornecedor, terceiros etc.
Avaliação	Informações que remetem aos valores de probabilidade, impacto e valor esperado do risco.
Estratégias	Alternativas de respostas aos riscos.
Ações	Atividades a serem executadas, que correspondem às alternativas de resposta escolhidas.
Prazos	Tempos envolvidos na ação de resposta.
Custo	Orçamento para ação de resposta.
Recursos	Pessoas que deverão ser alocadas, no caso de uma ação de resposta.
Gatilhos	Sinais que especificam o momento da reação aos riscos e disparam a implantação do plano de contingência das estratégias de resposta.
Reservas	Valores de contingência.
Patrocinadores	Profissionais da alta administração da organização envolvidos com as respostas aos riscos.
Riscos residuais	Riscos que podem surgir ou permanecer após a implantação das respostas.
Riscos secundários	Riscos que surgem decorrentes da implantação das respostas.

Vale a pena lembrar que tanto os valores de gerenciamento de risco quanto os valores de custos de um plano de resposta ao risco devem ser incorporados ao orçamento do projeto.

Uma informação importante que deve compor o plano de resposta ao risco é o gatilho do risco. O gatilho ajuda o gerente de risco a identificar os sinais que levam ao acionamento do plano de contingência e de suas ações correspondentes. Por exemplo, em uma obra ao ar livre, há determinados momentos em que o empreendimento não pode ficar exposto às chuvas (como é o caso da cura de concreto em obras civis). Assim, é possível estabelecer gatilhos para ajudar a detecção da ocorrência desse risco. Nesse caso, podem ser sinais: a umidade relativa do ar, valores de pressão atmosférica, visão de nuvens e ocorrência de raios. Quando esses indicadores atingirem os níveis preestabelecidos durante o planejamento de respostas aos riscos do projeto, a equipe e o gerente de risco ou de projetos passam à implantação do plano de contingência. A construção de um plano de respostas ao risco, como foi visto, é de grande valia para os *stakeholders* do projeto. Assim, o gerente de projetos e demais *stakeholders* poderão colher os benefícios desse importante processo.

Os benefícios do desenvolvimento do processo de planejamento de respostas aos riscos são os listados abaixo.

1) Estabelecer organizadamente as respostas aos riscos do projeto – negativos e positivos. Ter um plano de resposta ao risco é tratar o assunto, dentro do gerenciamento de projetos, de forma profissional;
2) Identificar os responsáveis pelas ações de respostas. O estabelecimento de deveres para os profissionais envolvidos com risco torna possível a execução de ações corretivas e mitigatórias;
3) Definir gatilhos para organizar as ações de monitoramento. A possibilidade de identificar os sinais que indicam ocorrência do risco ajuda o gestor e a equipe de projetos a acionar um plano de contingência e a implementá-lo;
4) Discutir sobre riscos secundários e residuais. Esse aspecto mostra um aprofundamento da questão e possibilita a criação de uma cultura gerencial associada a gerenciamento de risco;
5) Organizar o registro de risco. O registro de risco é um documento que acompanha o risco ao longo do projeto e, portanto, é um excelente instrumento de gestão. Servirá,

possivelmente, para compor o banco de dados de riscos – elemento fundamental na gestão de conhecimento dos projetos de uma organização;
6) Organizar planos de contingência de acordo com o registro de risco. O detalhamento da resposta ao risco, dependendo do projeto, gera ações específicas decorrentes de uma tomada de decisão. Com os planos de contingência, o gerente de projetos/riscos e sua equipe podem se organizar melhor em termos de administração do projeto como um todo;
7) Buscar reservas necessárias ao desenvolvimento do gerenciamento de riscos, as quais devem ser consideradas no orçamento do projeto. Um plano de resposta ao risco bem elaborado pode ser um "argumento" para que o gerente busque recursos para dar mais segurança ao projeto, em se tratando de riscos negativos.

Implementação das respostas aos riscos em projetos

O processo de implementação das respostas aos riscos do projeto visa garantir que os planos acordados com os *stakeholders* sejam implementados. Com isso, espera-se que as ameaças sejam minimizadas e as oportunidades maximizadas.

As versões anteriores à sexta versão do PMBOK (PMI, 2017a) não davam a devida atenção à implementação dos planos de respostas aos riscos, apenas mencionavam que havia um plano e era preciso haver monitoramento. Obviamente essa era uma carência. Assim, o fato de a sexta versão do PMBOK (PMI, 2017a) deixar explícita a necessidade da implementação das respostas aos riscos melhora as condições gerenciais do projeto.

Um dos aspectos mais relevante da implementação do plano de respostas aos riscos diz respeito às habilidades associadas aos *stakehol-*

ders envolvidos no processo. Nesse sentido, o PMI (2017a) destaca as habilidades interpessoais do gerente e dos membros da equipe de projeto, especialmente a influência. Essa habilidade, enfatizada em muitos planos de respostas aos riscos de um empreendimento, muitas vezes está fora do âmbito de ação da equipe de projeto. Dessa forma, o gerente de projeto deverá exercer sua capacidade de influenciar as pessoas para que a implementação do plano de respostas aos riscos do projeto possa ser adequadamente realizada.

Dois aspectos devem ser levados em conta no processo de implementação do plano de respostas aos riscos em projetos. Um refere-se ao uso do sistema de comunicação do projeto, ou seja, programas de cronograma, recursos e custos que visam garantir a implementação das respostas de forma adequada. Outro aspecto trata da pós-implementação das respostas, quando as necessidades de mudanças no escopo do projeto podem ser identificadas. Em ambos os casos, é preciso gerar os respectivos registros por meio de sistema de informação de gestão de riscos do projeto.

Os benefícios do processo de implementação do plano de respostas aos riscos do projeto são:

1) garantir que os planos de respostas acordadas aos riscos sejam executados;
2) administrar o processo no âmbito da gestão do projeto, seguindo as boas práticas de gestão;
3) propiciar, aos envolvidos com as respostas, o atendimento de suas necessidades (em alguns casos, de forma parcial).

Monitoramento dos riscos em projetos

O processo de monitorar os riscos em projetos visa acompanhar a implantação do plano de respostas aos riscos, bem como rastrear novos riscos, monitorar riscos residuais e avaliar a efetividade do processo de gerenciamento de risco no projeto. Trata-se do processo que acompanha a dinâmica do risco por toda a duração do projeto. Monitorar os riscos é o último processo referente ao gerenciamento do risco em projetos, podendo ser executado, entretanto, em qualquer momento. Por ser um processo que efetiva o gerenciamento do risco, acredita-se que os projetos têm suas chances de sucesso aumentadas quando os processos de monitoramento são bem desenvolvidos.

Monitorar os riscos do projeto envolve acompanhamento da execução das estratégias de resposta, monitoramento de eventos-gatilho, acompanhamento da implantação dos planos de contingência e observação de novos riscos. O responsável pelos riscos, ao se envolver com o monitoramento, deve saber, por meio do registro decorrente do processo de planejamento de respostas, o momento certo de agir.

Além disso, tal qual o monitoramento do projeto, o monitoramento de riscos deve ser acompanhado pelo gerente de projetos/riscos visando garantir que o plano de respostas seja adequadamente implementado.

Os objetivos do processo de monitoramento de riscos são:

1) implantar o plano de respostas ao risco quando necessário – este objetivo configura, efetivamente, o processo de monitoramento de risco, ou seja, a partir dessa implantação, é possível entender o posicionamento da equipe de projetos frente aos riscos – positivos ou negativos;
2) determinar se as premissas do projeto continuam as mesmas – não só a verificação das premissas, mas também, novos riscos devem ser buscados no processo de monitoramento;
3) identificar mudanças na avaliação do risco (probabilidade ou impacto) – a dinâmica do projeto pode alterar a avaliação

dos riscos do projeto, tanto em termos de impacto quanto de probabilidade;
4) confirmar os valores esperados dos riscos – em atenção à dinâmica dos riscos no projeto, o gerente e sua equipe devem, continuamente, examinar as tolerâncias em torno dos valores esperados – a efetiva medida do risco;
5) analisar se as reservas de contingência de custo e prazo estão adequadas em face da dinâmica do projeto – esse objetivo se refere à atenção quanto ao uso dos recursos expressos pelas reservas de contingência;
6) avaliar se as políticas do projeto estão sendo seguidas – esse objetivo visa dar maior capacidade de organização aos gerentes e patrocinadores do projeto;
7) avaliar se as respostas aos riscos precisam ser disparadas – um dos pontos altos do monitoramento de risco é a verificação dos gatilhos disparados por meio de sinais, os quais são previamente definidos no processo de planejamento de respostas ao risco;
8) identificar se os responsáveis pelo risco poderão dar os alertas necessários, quando os eventos de riscos se materializarem – o gerente de projetos/riscos deve, ao realizar o monitoramento dos riscos, analisar periodicamente os gatilhos especificados no registro de risco. Essa análise deve considerar o momento exato em que ações contingenciais precisam ser disparadas. Em linhas gerais, o monitoramento das respostas aos riscos do projeto pode ser realizado, de acordo com o andamento do projeto, sempre que um risco ocorrer, sempre que forem solicitadas mudanças etc.

Uma recomendação importante ao gerente de riscos do projeto é executar o monitoramento de tal forma que haja tempo hábil para que a tomada de decisão quanto à implantação de respostas seja possível. O monitoramento, portanto, deve ser contínuo. Em termos práticos, é por meio do monitoramento que o gerente de projetos/riscos assegura o bom andamento do projeto em relação aos possíveis impactos dos eventos incertos que, se ocorrerem, poderão comprometer seus resultados.

Muitas vezes, no entanto, um risco ocorre num projeto sem aviso prévio. Um exemplo disso é o caso de um meteorito que caiu na Rússia em 2013 e despertou no mundo a necessidade de fazer gerenciamento de riscos, especialmente o monitoramento de riscos em projetos. Na época, políticos ligados às agências aeroespaciais começaram um movimento para investir em desenvolvimento tecnológico na área de detecção de corpos celestes cuja rota possa colidir com o planeta Terra.

O monitoramento do risco pode ser feito durante as sessões de revisão do projeto, mas, muitas vezes, a equipe responsável por gerenciar os riscos pode ser a indutora de tais sessões. Nesse sentido, as revisões são feitas por meio de reuniões previamente agendadas, com o intuito de gerenciar os riscos do projeto. Na condução de tais reuniões, o gerente de projetos e sua equipe devem estar preparados para tratar dos elementos essenciais ao gerenciamento dos riscos por meio da verificação de documentos de riscos, análises de desempenho do projeto etc.

Embora se saiba que o monitoramento das respostas aos riscos é um processo essencial para a efetivação do gerenciamento, em muitos projetos tal não ocorre sistematicamente. Em pesquisa realizada no Brasil envolvendo 415 gerentes de projetos, em quatro estados, constatou-se que os processos de gerenciamento de risco mais desleixados pelos gerentes foram, justamente, os processos de planejamento e monitoramento das respostas aos riscos. Isto é, 67% dos respondentes consideraram que a elaboração de um plano de respostas aos riscos não é realidade em seus projetos. Já para o processo que envolve monitoramento do plano de respostas aos riscos, 64% dos respondentes afirmaram que não o fazem em seus projetos (Rabechini Jr. e Carvalho, 2011).

A constatação acima, embora restrita à amostra da pesquisa, deve ser levada em conta pelos gerentes de projetos/risco durante a administração de um empreendimento. A importância do desempenho de tais processos poderá, certamente, levar o projeto a um atingimento mais completo de seus objetivos.

O processo de monitoramento de riscos de um projeto não deve prescindir de um bom plano de respostas aos riscos e de uma comunicação intensa com os *stakeholders* do projeto. Na prática, a comunicação necessária no momento do monitoramento de risco envolve informação a respeito das reações aos riscos e de todos os dados do plano de gerenciamento de riscos e plano de respostas aos riscos. Uma comunicação exata, no momento da reação ao risco, implicará tomadas de decisões adequadas pelos *stakeholders*. Isso poderá ajudá-los a entender as implicações dos riscos e das respectivas reações, bem como ter ciência do *status* e do potencial dos riscos em projetos. A equipe de projetos faz uso, também, da comunicação, uma vez que entende a eficácia das reações aos riscos executadas e dos contornos que, porventura, tenham sido escolhidos.

No entanto, o momento da reação a um risco não previsto torna o gerenciamento de riscos do projeto extremamente difícil. O caso mais emblemático de que se tem notícia na literatura sobre gerenciamento de risco em projetos foi, sem dúvida, a missão espacial norte-americana Apollo 13 (Lines, 1996). Nesse caso, é possível entender a capacidade da Nasa em responder aos riscos imprevistos de projetos, realizando o processo de monitoramento de forma tensa, incerta, mas exitosa.

A missão Apollo 13 tinha como objetivo levar o homem à superfície da Lua e trazê-lo de volta com segurança. Um marco na história, cujo desafio havia sido lançado pelo presidente dos EUA sete anos antes. Em decorrência de um problema inesperado, ocorrido no primeiro terço do voo, o objetivo original foi alterado. Vinte e cinco horas após o lançamento, uma explosão em um dos tanques de CO^2 comprometeu o suprimento de oxigênio disponível para a tripulação. Um dos tanques de oxigênio do módulo de serviço tinha explodido e o gás estava vazando. Numa espaçonave, o oxigênio é consumido apenas pela tripulação e no processo de produção de energia. Os astronautas não tiveram escolha a não ser tomar a decisão acertada de desligar os motores para garantir o combustível da viagem de volta. Como consequência dessa decisão, a nave ficaria funcionando só com as baterias – ou seja, todos os equipamentos que não fossem essenciais teriam de ser desligados. Os elementos até aqui apresentados mostram que um risco inesperado ocorreu e não havia um plano de contingência para ele. Dando sequência ao caso, a equipe em terra, ao fazer o monitoramento dos riscos do projeto, depois da constatação da gravidade da situação, sugeriu a mudança do objetivo original. O objetivo da missão passou a ser criar alternativas para trazer a tripulação de volta à Terra, com vida. Praticamente um novo projeto começava, com extrema necessidade de gerenciamento de risco.

O projeto de volta foi marcado por vários elementos que mostram a importância do gerenciamento de risco, especialmente no que tange aos processos de planejamento de resposta ao risco e de monitoramento, desenvolvidos de forma intensa. A equipe que estava em terra precisava desenvolver, por exemplo, filtros para a respiração dos astronautas, com baixíssimo risco de não funcionarem, pois os impactos seriam fatais. Além disso, uma equipe de monitoramento de risco se concentrou na avaliação das possibilidades de novos riscos. Essa dinâmica ocorreu durante toda a trajetória de volta. Como se sabe, os astronautas voltaram vivos à Terra e a missão Apollo 13 atingiu o objetivo expresso no replanejamento.

Assim, aprendeu-se muito com esse caso, por meio de suas conexões com a teoria de gerenciamento de riscos. De modo geral, o caso também pode ser visto como uma forma de aproveitamento de oportunidades, principalmente quando olhamos tudo o que ocorreu após o encerramento do projeto. Assim, se de um lado foi possível perceber a ocorrência de riscos negativos, do outro ficou claro que a Nasa soube resolvê-los e, certamente, mostrou ao mundo suas competências gerenciais em riscos de projetos. Nesse sentido, a comunicação sobre os dados do projeto foi um aspecto que despertou interesse até nos meios cinematográficos e editoriais – há filmes, documentários, livros e publicações que nesses aproximados 50 anos vêm abastecendo a curiosidade dos profissionais em gerenciamento de riscos em projetos e os interessados no assunto de forma mais ampla.

Retomando, o processo de monitoramento de riscos do projeto deve levar em conta dois aspectos relevantes para o desenvolvimento do projeto: avaliação dos riscos e sua documentação.

O processo de monitoramento de riscos do projeto deve ser apropriado à avaliação do desempenho do projeto. O exame dos resultados parciais de um projeto – por exemplo, por meio das informações contidas nos relatos de desempenho – certamente deve ser um elemento importante de suporte à decisão relacionada ao mesmo. Ou seja, é possível dar ao gerente condições de tomar decisões no âmbito do gerenciamento de riscos e do gerenciamento do projeto, a partir da avaliação dos desvios de prazos, custos e outras informações acerca do desempenho do projeto. Os gerentes de riscos/projetos, nesses casos, podem antecipar decisões importantes que impactem os resultados pretendidos.

Quanto à documentação dos riscos de um projeto, é preciso entender as necessidades relativas ao sistema de gestão do conhecimento da organização e as vantagens da utilização futura desse sistema.

Um bom registro de riscos de projetos deve conter informações de monitoramento que enriqueçam o sistema de gestão do conhecimento.

Assim, novos projetos, para serem mais bem gerenciados, podem acessar a base de dados de conhecimento de projetos da organização e obter informações sobre:

1) ameaças e oportunidades que ocorreram em projetos anteriores, quando ocorreram, quanto custou seu gerenciamento, quais foram os benefícios financeiros e/ou problemas encontrados;
2) eventos incertos que não ocorreram e suas respectivas causas – essa informação poderá mostrar aos gerentes de futuros projetos que certos grupos de riscos precisam ser reavaliados;
3) eventos de riscos que foram identificados no decorrer do projeto, mas para cujo tratamento não havia previsão gerencial – essa informação pode ser muito rica para projetos futuros, abrindo perspectivas interessantes do ponto de vista de gerenciamento;
4) consumo das reservas – alguns indicadores podem ser úteis nas estimativas de futuras reservas a serem consumidas com os riscos de projetos;
5) tratamento dos riscos residuais – essa informação mostra o impacto dos riscos residuais no orçamento do projeto, ajudando os gerentes de novos projetos na estimativa em casos semelhantes;
6) avaliação final do gerente de projetos quanto à eficiência do gerenciamento de riscos – essa avaliação pode ser compartilhada, predominantemente, com a visão de outros *stakeholders*, clientes e patrocinadores;
7) eficácia das respostas aos riscos – após o fechamento do projeto, a equipe poderá gerar indicadores de desempenho que apontem como o projeto foi impactado pelos eventos de riscos;
8) gatilhos e sua eficiência na informação sobre sinais de ocorrência de riscos, entre outras informações.

As informações a respeito do desenvolvimento do gerenciamento de risco em projetos podem ser obtidas, também, por meio de técnicas de entrevistas, a partir das quais os gerentes de projetos ou gerentes de riscos de projetos registram as falhas de projeto e as oportunidades não reconhecidas (Dikmen et al., 2008). Esse procedimento, em geral não encontrado nos principais manuais de gerenciamento de risco, pode enriquecer o banco de dados de gerenciamento de riscos. Na verdade, trata-se de uma investigação direta para captar a opinião dos *stakeholders* durante o projeto, no que diz respeito ao seu posicionamento frente aos riscos. O gerenciamento de risco, nesse sentido, é ampliado, e o banco de dados mostrará, aos futuros gestores de projetos, como é possível aprender com os riscos.

As evidências da falta de uso das técnicas e ferramentas de planejamento e monitoramento de riscos em projetos são mais notáveis nos acidentes de projetos do que nas oportunidades. Muitas vezes, um bom plano de respostas aos riscos poderia evitar acidentes em obras.

No Brasil, o Ministério de Integração Nacional lançou, em 2012, a ampliação do Centro Nacional de Riscos e Desastres, com investimentos da ordem de R$ 40 milhões. Examinando as bases estruturais do centro, é possível identificar elementos dos processos de gerenciamento de risco vistos neste capítulo – planejamento de respostas aos riscos e monitoramento dos riscos. Segundo informações do ministério, quatro eixos de atuação compõem o modelo de gerenciamento de riscos: (i) prevenção – obras estruturantes, como drenagens e contenção de encostas; (ii) mapeamento das principais áreas de riscos do Brasil; (iii) respostas mais ágeis aos eventos de riscos; e (iv) sistema de monitoramento e alerta – estruturado com ampliação de salas de acompanhamento capazes de fazer previsões de ocorrências e emitir alertas.

O centro foi criado, evidentemente, para responder aos riscos associados ao grande número de desastres naturais que o país sofre anualmente por causa das chuvas. No entanto, ele só será efetivo quando conseguir, além de planejar as respostas ao risco, fazer monitoramento constante da evolução e involução dos eventos.

Outro exemplo de planejamento de respostas aos riscos e monitoramento pode ser encontrado nas empresas espaciais. No Brasil, um caso emblemático foi a explosão de um lançador de foguetes em Alcântara, no Maranhão. Em agosto de 2003, o protótipo do veículo lançador de satélite (VLS-1 V03) foi destruído por um incêndio durante os preparativos para o lançamento. Esse caso reflete que houve problema na mudança do sequenciamento das atividades do cronograma. A análise desse caso, no entanto, não evitou as mortes, como consequência dos impactos dos eventos.

Como foi possível ver, o processo de monitoramento de riscos, além de efetivar o gerenciamento, amplia o universo de informações do projeto, trazendo vários benefícios aos *stakeholders*. Em suma, os benefícios do monitoramento de riscos podem ser assim delineados:

1) minimizar os impactos que os riscos negativos possam ter sobre o projeto e maximizar os impactos dos riscos positivos no projeto, por meio da implantação do planejamento de respostas aos riscos;
2) informar os *stakeholders* sobre o andamento do projeto no que diz respeito às ações de risco e suas implicações futuras;
3) deixar explícitas as necessidades de realimentação do processo de gerenciamento de riscos. O processo de monitoramento de riscos implica, muitas vezes, acionar novas medidas de planejamento, seja no âmbito do projeto ou apenas do seu gerenciamento de riscos;
4) mostrar o envolvimento da equipe de projeto no gerenciamento dos eventos de risco;
5) administrar os fundos de reservas, tanto de contingência quanto gerenciais.

* * *

Este capítulo mostrou como é possível definir alternativas de respostas aos riscos em projetos e como monitorar sua implantação.

Mostrou, também, que tais respostas são decorrentes do resultado da avaliação dos eventos de risco, envolvendo medidas de impacto e probabilidade. Como os riscos podem ser classificados em riscos de oportunidade ou de ameaça, as respostas, para serem eficazes, têm de levar em conta tal classificação.

As respostas aos riscos, em sua maioria, requerem ações e, portanto, precisam de recursos. Nesse sentido, um plano de respostas aos riscos foi apresentado e as informações que fazem parte dele foram discutidas.

Por fim, foi apresentado como os procedimentos de monitoramento dos riscos devem ser realizados durante o desenvolvimento de um projeto, discutindo-se os principais aspectos gerenciais envolvidos.

Sabe-se, no entanto, das dificuldades que os gerentes de projetos ou de riscos enfrentam ao administrar os processos vistos neste capítulo. Trata-se de barreiras existentes nas organizações, mormente naquelas que não se preocupam com o desenvolvimento de uma cultura de gerenciamento de riscos em projetos. Mesmo assim, acreditamos que os gerentes de projetos e os gerentes de riscos em projetos possam desenvolver planos de respostas aos riscos e administrar e controlar sua efetivação, pois só assim será possível implantar, adequadamente, o gerenciamento de riscos em projetos.

Considerações finais

Chegamos ao final do livro, caro leitor. Assim, é importante que possamos tirar algumas conclusões dessa viagem feita ao fabuloso e instigante mundo do gerenciamento de riscos em projetos.

Como vimos, o risco faz parte da nossa existência e, portanto, de qualquer projeto também. Seja por motivos tecnológicos, sociais, políticos, econômicos ou ambientais, não há como evitarmos riscos externos que podem afetar profundamente – para o bem ou para o mal – nosso projeto. Ademais, as condições internas das organizações responsáveis pelo projeto, assim como dos seus *stakeholders*, também podem gerar situações de risco – entendidas como oportunidades ou ameaças. Por fim, as próprias características inerentes aos processos de gerenciamento de projeto podem, também, se desviar bastante daquilo que foi previsto no plano do projeto.

Como o leitor pode perceber, são tantas as variáveis sobre as quais não temos nenhum controle e que podem afetar um projeto, que gerenciá-lo sem nenhuma abordagem relativa aos riscos que podem afetá-lo é como saltar de um avião sem saber se estamos ou não vestidos com paraquedas, ou mesmo pilotar um avião sem ter acesso a nenhum instrumento e, portanto, a nenhuma medida associada ao voo em questão.

Como visto nos capítulos anteriores, apesar de todas essas questões, a maturidade das empresas projetistas em gerenciamento de riscos é ainda muito baixa – quando muito, um coeficiente de segurança (ou de ignorância) é aplicado sobre os valores base do projeto, de modo a mitigar possíveis riscos não identificados ou analisados, e para os quais não foi prevista nenhuma resposta nem adotada qualquer estratégia de monitoramento ao longo do ciclo de vida do projeto. Por que isso? Vejamos.

1) Um gerenciamento de riscos adequado custa dinheiro, na forma de horas gastas, recursos materiais, novos processos etc. Como a maioria dos projetos trabalha com uma visão dicotômica e equivocada de barato *versus* caro – em vez de taxa interna de retorno –, o gerenciamento de riscos é considerado algo supérfluo.
2) Não há uma adequada massa crítica de profissionais que demostrem um profundo domínio das técnicas de gerenciamento de riscos em projetos, de modo que possam ser empregados nos projetos em curso. Criou-se um modelo mental de que projeto é, principalmente, escopo, cronograma, custo e qualidade. As demais áreas de conhecimento continuam sendo vistas como secundárias.
3) Impera, ainda, uma visão de curto prazo em projetos. Assim, ações que visem prever, antecipar e mitigar eventos que possam ou não ocorrer em prazos distantes são, geralmente, descartadas pela alta direção das organizações.

Em vista disso, é fundamental e urgente desenvolver capacitação em gerenciamento de riscos em projetos. Num mundo como o de hoje, em que eficiência, eficácia e efetividade são buscadas por organizações públicas e privadas, jogar dinheiro pela janela com o fracasso de projetos é algo, no mínimo, não inteligente.

Não obstante, constatarmos que muitas empresas têm uma maturidade muito baixa em gerenciamento de riscos em projetos, outras estão acompanhando o estado da arte. Para estas listamos a seguir as principais tendências em gerenciamento de riscos em projetos a serem trilhadas nos próximos anos.

1) Projeto nada tem de determinístico, isto é, tudo em um projeto e no seu gerenciamento é probabilístico. A tendência, pois, é que usemos, crescentemente, estatísticas, probabilidades e simulações no gerenciamento de projetos. Os cronogramas terão suas folgas definidas por distribuições de probabilidade, os orçamentos base não mais serão compostos de apenas um único valor determinado etc. Cada vez mais passaremos a usar simulações de Monte Carlo associadas a cada vez mais adequadas curvas de distribuição de probabilidade, pela facilidade que hoje temos de acesso a recursos computacionais.

2) Embora haja abordagens para gerenciamento de riscos em projetos, como a do PMBOK (PMI, 2017a), estas se baseiam muito mais em riscos do que em incertezas. Vimos que todo risco é uma incerteza, embora a recíproca nem sempre seja verdadeira. Por outro lado, procuramos argumentar que há incertezas as quais sequer sabemos que existem – os *unknown unknowns* (ver capítulo 1) –, mas que podem afetar, positiva ou negativamente, os resultados dos projetos. Sendo assim, vários autores apontam para a transformação do gerenciamento de riscos em gerenciamento de incertezas (Perminova, Gustafsson e Wikström, 2008), ou seja, teremos cada vez mais de conviver com eventos que sequer sabemos que podem ocorrer. Os projetos deverão, portanto, ter um alto grau de flexibilidade e resiliência para lidar com o imprevisto (PMI, 2017a), o que vai na contramão de abordagens rígidas e prescritivas como as que hoje existem e são largamente aplicadas (De Meyer, Loch e Pich, 2002).

3) Os projetos se tornam cada vez mais complexos, isto é, complexidade de projetos passa a ser uma nova área de conhecimento (Bosch-Rekveldt et al., 2011). Assim, é mandatório que sejam desenvolvidos modelos para avaliar o nível de complexidade de projetos e como tal nível afeta o gerenciamento dos mesmos. Nessa mesma linha, precisaremos definir as competências que um gerente de projetos precisa ter para gerenciar um projeto de alta complexidade.
4) Finalmente, precisaremos atentar para o fato de que, cada vez mais, partes dos projetos são terceirizadas para empresas situadas em qualquer parte do mundo. Assim, saber como coordenar essa terceirização, por meio de acordos de nível de serviço e indicadores-chave de performance será cada vez mais um desafio no gerenciamento de projetos distribuídos, o que, naturalmente, afetará o nível de risco a que estão submetidos.

Como se pode ver, há grandes desafios à frente para a área de conhecimento em gerenciamento de riscos em projetos, sem falar na enorme e crescente ligação entre risco e tomada de decisão, e risco e gestão da informação (Fortes, 2011). Um gerente de projeto tem como sua principal atividade tomar decisões, o que implica riscos que podem levá-lo à paralisia. Por outro lado, o gerente de projetos, para decidir, necessita de informações, informações essas que superabundam no mundo de hoje sem que saibamos extrair a relevância das mesmas, de modo a transformá-las em conhecimento e ação.

Como se pode perceber, a tecnologia da informação e principalmente a internet mudaram o patamar de importância do gerenciamento de riscos em projetos, ligando-o, cada vez mais, à área de patologia de projetos, isto é, ao estudo das causas de acidentes em projetos (Perrow, 1984).

CONSIDERAÇÕES FINAIS

Podemos, pois, reclamar de tudo no gerenciamento de riscos em projetos, menos de monotonia e falta de emoções, que hoje nos cercam e que crescerão nos anos vindouros. Esperamos, finalmente, que essa viagem ao intrigante mundo do gerenciamento de riscos em projetos tenha despertado o interesse do leitor para um maior aprofundamento em uma área que, no caso de projetos, encontra-se, ainda, na sua primeira infância.

Referências

ADLER, N. J. *International dimensions of organizational behavior.* Cincinnati, OH: South Western, 2002.

AKINTOYE, A. S.; MAC LEOD, M. J. Risk analysis and management in construction. *International Journal of Project Management,* v. 15, n. 1, p. 31-38, 1997.

ALENCAR, A. J.; SCHMITZ, E. A. *Análise de risco em gerência de projetos.* Rio de Janeiro: Brasport, 2005.

ANSOFF, H. I. *A nova estratégia empresarial.* São Paulo: Atlas, 1990.

ASSOCIAÇÃO BRASILEIRA DE NORMAS TÉCNICAS (ABNT). NBR ISO 10006. *Gestão da qualidade* – Diretrizes para a qualidade no gerenciamento de projetos. Rio de Janeiro: ABNT, 2006.

ASSOCIATION FOR PROJECT MANAGEMENT (APM). *APM body of knowledge.* 6. ed. Bucks: APM, 2012.

BERNSTEIN, P. L. *Desafio aos deuses*: a fascinante história do risco. São Paulo: Elsevier/Campus, 1997.

BOSCH-REKVELDT, M. et al. Grasping project complexity in large engineering projects: the TOE (Technical, Organizational and Environmental) framework. *International Journal of Project Management,* v. 29, n. 6, p. 728-739, 2011.

CARVALHO, M. M.; RABECHINI JR., R. *Fundamentos em gerenciamento de projetos*: construindo competências para gerenciar projetos. 3. ed. São Paulo: Atlas, 2011.

CLELAND, D. I.; IRELAND, L. R. *Gerenciamento de projetos*. 2. ed. Rio de Janeiro: LTC, 2007.

DAYCHOUM, Merhi. *40 ferramentas e técnicas de gerenciamento*. Rio de Janeiro: Brasport, 2007.

DE CAMPRIEU, R.; JACQUES D.; YANG F. Cultural differences in project risk perception: an empirical comparison of China and Canada. *International Journal of Project Management*, v. 25, n. 7, p. 683-693, 2007.

DE MEYER, A.; LOCH, C. H.; PICH M. T. Managing project uncertainty: from variation to chaos. *Sloan Management Review*, v. 43, n. 2, p. 59-68, 2002.

DIKMEN, I. et al. Learning from risks: a tool for post-project risk assessment. *Automation in Construction*, v. 18. p. 42-50, 2008.

DOWIE, J. Against risk. *Risk, Decision and Policy*, v. 4, n. 1, p. 57, 1999.

FORTES, F. S. D. *Influência do gerenciamento de riscos no processo decisório*: análise de casos. 2011. 145 f. Dissertação (Mestrado) – Escola Politécnica da Universidade de São Paulo. Departamento de Engenharia Naval e Oceânica, São Paulo, 2011.

FREITAS, C. M. D.; SILVA, M. A. D.; MENEZES, F. C. D. O desastre na barragem de mineração da Samarco: fratura exposta dos limites do Brasil na redução de risco de desastres. *Ciência e Cultura*, v. 68, n. 3, p. 25-30, 2016.

GOLDBERG, M.; WEBER, C. *Evaluation of the risk analysis and cost management (RACM) model*. Washington, DC: Institute for Defense Analysis. IDA paper p. 3.338, ago. 1998.

GRAY, C. F.; LARSON, E. W. *Gerenciamento de projetos:* o processo gerencial. 4. ed. São Paulo: McGraw-Hill, 2009.

HALL, D.; HULETT, D. *Projeto de riscos universais*. Newton Square: PMI, 2002. (Relatório final sobre riscos universais em projetos, relatório do grupo de riscos do PMI mundial).

HANDY, C. *The age of unreason*. Cambridge, MA: Harvard Business Review Press, 1989.

HARARI, Y. N. *Sapiens*: uma breve história da humanidade. Porto Alegre: L&PM, 2017.

HILLSON, D. *Managing risks in projects*. Milton Park: Gower Publishing, 2009.

_____; MURRAY-WEBSTER, R. *Understanding and managing risk attitude*. Abingdon-on-Thames: Routledge, 2017.

HOLTON, G. A. Defining risk. *Financial Analyst Journal*, v. 60, n. 6, p. 19-25, 2004.

KERZNER, H. *Gestão de projetos*: as melhores práticas. Porto Alegre: Bookman, 2002.

KNIGHT, F. H. *Risk, uncertainty and profit*. Boston MA: Houghton Mifflin, 1921.

KWAK, Y. H.; LA PLACE, K. S. Examining risk tolerance in project-driven organization. *Technovation*, v. 25, n. 6, p. 691-695, 2005.

LINES, M. S. Aprendendo lições da Apollo 13. *PM Network*, p. 25-27, 1996.

LINSTONE, H. A.; TUROFF, M. *The Delphi method*: techniques and applications. Boston, MA: Addison-Wesley, 1975.

LUKOSEVICIUS, A. P.; SOARES, C. A.; JOIA, L. A. Framework de avaliação da complexidade de projetos em portfólios de engenharia civil. *Ambiente Construído*, v. 17, n. 4, p. 323-342, 2017.

MODARRES, M. *Risk analysis in engineering*: techniques, tools, and trends. Boca Raton: Taylor & Francis Group, 2006.

MODICA, J. E. *Riscos de projetos de docagem de navios petroleiros*. 121 f. Dissertação (Mestrado) – Escola Politécnica da Universidade de São Paulo, Departamento de Engenharia Naval e Oceânica, São Paulo, 2009.

_____ et al. Eliciar conhecimento sobre riscos. In: ENCONTRO NACIONAL DE ENGENHARIA DE PRODUÇÃO, XXI., 2010, São Carlos, SP. *Anais...* São Carlos, SP: Abepro, 2010.

OXFORD ENGLISH DICTIONARY. Oxford: Oxford University Press, 1989.

PERMINOVA, O.; GUSTAFSSON, M.; WIKSTRÖM, K. Defining uncertainty in projects: a new perspective. *International Journal of Project Management*, v. 26, n. 1, p. 73-79, 2008.

PERROW, C. *Normal accidents:* living with high-risk technologies. Nova York: Basic Books, 1984.

PRINCE. *Managing successful projects with PRINCE 2*. Londres: Central Computers and Telecommunications Agency (CCTA), 2002.

PROJECT MANAGEMENT INSTITUTE (PMI). *A guide to the project management body of knowledge*: PMBOK® Guide. 6. ed. Newton Square: PMI, 2017a.

_____. PMI Pulse of the Profession® – 9th Global Project Management Survey. Newton Square: PMI, 2017b. Disponível em: <www.pmi.org/-/media/pmi/documents/public/pdf/learning/thought-leadership/pulse/pulse-of-the-profession-2017.pdf>. Acesso em: 27 fev. 2018.

RABECHINI JR., R.; CARVALHO, M. M. Os efeitos das práticas de gerenciamento de risco no sucesso de projetos. In: CONGRESO LATINO IBEROAMERICANO DE GESTIÓN TECNOLÓGICA, XIV., 2011, Lima. *Anais...* Altec: Lima, 2011.

RAZ, T.; HILLSON, D. A comparative review of risk management standards. *Risk Management: an International Journal*, v. 7, n. 4, p. 53-66, 2005.

SALLES JR., C. A. C. et al. *Gerenciamento de riscos em projetos*. Rio de Janeiro: FGV Ed., 2010.

SAUSER, B. J.; REILLY, R. R.; SHENHAR, A. J. Why projects fail? How contingency theory can provide new insights: a comparative analysis of Nasa's Mars climate orbiter loss. *International Journal of Project Management*, v. 27, n. 7, p. 665-679, 2009.

SLOVIC, P. Perception of risk. *Science*, v. 236, n. 4799, p. 280-285, 1987.

SMITH, P. G.; MERRITT, G. M. *Proactive risk management*: controlling uncertainty in product development. Nova York: Productivity Press, 2002.

THE WALL STREET JOURNAL. Dreamliner mostra que inovação pode virar pesadelo. *Valor Econômico*, p. B9, 25, 26, 27 jan., 2013.

TVERSKY, A.; KAHNEMAN, D. Judgment under uncertainty: heuristics and biases. *Science*, v. 185, n. 4.157, p. 1.124-1.131, 1974.

_____;_____. The framing of decisions and the psychology of choice. *Science*, v. 211, n. 4.481, p. 453-458, 1981.

VERZUH, E. *The fast forward MBA in project management*. NovaYork: John Wiley & Sons, 1999.

VESPER, J. L. *Risk assessment and risk management in the pharmaceutical industry*: clear and simple. Bethesda, MD: Parenteral Drug Association, 2006.

WARD, S.; CHAPMAN, C. Transforming project risk management into project uncertainty management. *International Journal of Project Management*, v. 21, n. 2, p. 97-105, 2003.

Os autores

Luiz Antonio Joia
Doutor em ciências em engenharia de produção pelo Instituto Alberto Luiz Coimbra de Pós-Graduação e Pesquisa em Engenharia (Coppe) da Universidade Federal do Rio de Janeiro (UFRJ), mestre em ciências em engenharia civil pela mesma instituição e engenheiro de fortificação e construção pelo Instituto Militar de Engenharia (IME). Além disso é M.Sc. em *management studies* pela Oxford University e possui pós-graduação em economia teórica e aplicada pela Escola de Pós-Graduação em Economia (EPGE) da Fundação Getulio Vargas (FGV). É professor titular da Escola Brasileira de Administração Pública e de Empresas (Ebape) da FGV e professor associado da Universidade do Estado do Rio de Janeiro (Uerj). Foi executivo da Promon Engenharia, Trend Tecnologia Educacional e consultor do Banco Mundial em projetos de uso da tecnologia na educação. É professor convidado do FGV Management e pesquisador líder do Laboratório de Pesquisa em Governo e Negócios Eletrônicos (*e-lab*) da Ebape/FGV. É autor de livros nacionais e internacionais e de vários artigos científicos publicados nas mais influentes revistas científicas internacionais da área de sistemas de informação. É *South America regional editor* do *Journal of Knowledge Management* (Emerald) e do *Electronic Journal of Information Systems in Developing Countries* (Wiley). Recebeu o

prêmio *Outstanding Contributor* da divisão de administração da informação da Associação Nacional de Pós-Graduação em Administração (Anpad).

Alonso Mazini Soler
Doutor em engenharia de produção pela Escola Politécnica da Universidade de São Paulo (Poli-USP), mestre em estatística pela Universidade Estadual de Campinas (Unicamp) e MBA em finanças empresariais pela Fundação Instituto de Administração (FIA) da Universidade de São Paulo (USP). Possui as certificações profissionais PMP (*project management professional*) do Project Management Institute (PMI) e CQE (*certified in quality engineering*) da American Society for Quality Control (ASQC). Foi executivo na IBM Brasil e HP Brasil. Escreveu livros e colaborou com a publicação de capítulos em diversos livros, entre os quais se destacam: *Rosalina e o piano*; *Coaching prático*; *AMA handbook of project management*; *Gerenciamento de projetos na prática*. É professor convidado do FGV Management.

Gisele Blak Bernat
Doutoranda em engenharia ambiental pelo Programa de Engenharia Ambiental (PEA) da Universidade Federal do Rio de Janeiro (UFRJ), mestre em engenharia civil com ênfase em sistemas de gestão, produção e qualidade pela Universidade Federal Fluminense (UFF). *Master certificate in project management* pela ESI & George Washington University e em engenheira civil pela UFRJ. *Project management professional* (PMP) desde 2002. Possui MBA executivo em gestão de negócios pelo Ibmec, tendo cursado o Programa Internacional de Desarollo Gerencial pelo Iede (Espanha) e o Real State International Program pela University Southern California – Sol Price School of Public Policy, EUA. Tem experiência de mais de 20 anos em gerenciamento de projetos de grande porte

em notórias organizações como Vivo, Telefonica, Intelig, Bechtel e Odebrecht. Tem diversos trabalhos apresentados em congressos nacionais e internacionais, com artigos científicos publicados. É professora convidada da UFRJ e do FGV Management.

Roque Rabechini Jr.

Doutor em engenharia de produção pela Escola Politécnica da Universidade de São Paulo (Poli-USP), tem pós-doutorado e mestrado em administração pela Faculdade de Economia, Administração e Contabilidade (FEA) da Universidade de São Paulo (USP). É engenheiro de produção e consultor de empresas, diretor da C&R Consultoria Rabechini, com trabalhos de consultoria premiados no Brasil. É professor do Programa de Pós-Graduação em Administração na Universidade Nove de Julho (Uninove). Autor dos livros *O gerente de projetos na empresa*, *Fundamentos em gestão de projetos: construindo competências para gerenciar projetos* e *Competências e maturidade em gestão de projetos*. Além disso, tem diversos trabalhos apresentados em congressos nacionais e internacionais, com vários artigos científicos publicados nas mais influentes revistas científicas internacionais da área de gestão de projetos.

Este livro foi impresso nas oficinas gráficas da Editora Vozes Ltda.,
Rua Frei Luís, 100 – Petrópolis, RJ.